SCHRIFTEN AUS DEM GESAMTGEBIET DER GEWERBEHYGIENE

HERAUSGEGEBEN VOM INSTITUT FÜR GEWERBEHYGIENE IN FRANKFURT A. M.

NEUE FOLGE. HEFT 2

Die Bedeutung der Chromate
für die Gesundheit der Arbeiter

Kritische und experimentelle Untersuchungen

von

Professor Dr. K. B. Lehmann

Direktor des hygienischen Instituts der Universität Würzburg

Mit 11 Textabbildungen

Springer-Verlag Berlin Heidelberg GmbH 1914

ISBN 978-3-662-34359-3   ISBN 978-3-662-34630-3 (eBook)
DOI 10.1007/978-3-662-34630-3

Softcover reprint of the hardcover 1st edition 1914

Inhaltsverzeichnis.

Erster Hauptteil.

Historisch-kritische Darstellung unseres bisherigen Wissens über die Wirkung kleiner Chromatdosen.

Seite

1. Vorwort 1
2. Historische Einleitung 2
3. Wirkungsformen und Eintrittswege der Chromate 7
4. Kritische Übersicht unserer bisherigen Erfahrungen über die Erkrankung der Arbeiter in Chromatfabriken 11
   a) Haut 11
   b) Nase 15
   c) Mund, Rachen, Speiseröhre. 25
   d) Augen und Ohren 26
   e) Respirationsapparat 27
   f) Verdauungsapparat 29
   g) Niere 29
   h) Allgemeinerkrankung 30
5. Erfahrungen am Menschen über die quantitative Giftigkeit der Chromate 33
6. Die bisherigen chronischen Tierversuche und ihre Bedeutung für die Gewerbehygiene 38

Zweiter Hauptteil.

Eigene Beobachtungen und Versuche an Tieren.

1. Vorwort 44
2. Methoden der Chromatbestimmung 44
   a) Methode zur Bestimmung des Chroms im Harn 44
   b) Methode zur Bestimmung des Chroms in Tierorganen 45
3. Eigene Tierfütterungsversuche mit kleinen Chromatdosen während langer Zeit 47
   a) Fütterungsversuche an Hunden 47
   b) Fütterungsversuche an Katzen 49
   c) Fütterungsversuche an Kaninchen 54
4. Einige Versuche über die Wirkung der Chromate auf die Haut 60
5. Wirkung inhalierter Chromate auf Nase und Bronchien 61

Dritter Hauptteil.

Eigene Fabrikstudien.

1. Meine Studien in der Chromatfabrik A. 67
   a) Technische Notizen 67
   b) Chromatgehalt der Luft in A. 69
   c) Gesundheitsverhältnisse der Chromatfabrikarbeiter. 72
2. Die Ergebnisse der Statistik in verschiedenen Chromatfabriken im Lichte eigener Nachforschungen 90
3. Eigene Erfahrungen in der Gerberei von Mayer u. Sohn, Offenbach . . . 106
4. Einige Bemerkungen über die Verhütung der Chromkrankheiten . . . 116

Schlußsätze.   118

Historisch-kritische Darstellung unseres bisherigen Wissens über die Wirkung kleiner Chromatdosen.

1. Vorwort.

Auf Anregung des Instituts für Gewerbehygiene zu Frankfurt a. M. begann ich mich im Sommer 1909 eingehend mit Studien über die Bedeutung der Chromate für die Gesundheit der Arbeiter zu beschäftigen. Nach dem ursprünglichen Plane sollte die Arbeit gemeinsam mit Herrn Dr. R. Fischer, dem damaligen Direktor dieses Instituts, ausgeführt werden in der Weise, daß er die technologischen Fragen, die Erfahrungen der Gewerbeaufsicht und die Statistik, ich die medizinische und experimentelle Seite der Frage bearbeiten sollte. Verschiedene Umstände veranlaßten diesen Plan aufzugeben. Herr Dr. Fischer hat im März 1911 seine Arbeit unter dem Titel: Die Darstellung und Verwendung der Chromverbindungen, die dabei entstehenden Gesundheitsgefahren für die Arbeiter und die Maßnahmen für ihre Bekämpfung (Berlin 1911, Polytechnische Buchhandlung A. Seydel) herausgegeben, wobei er, abgesehen vom experimentellen Teil, so ziemlich alle Seiten der Frage behandelte.

Inzwischen sind meine eigenen Fabrikbeobachtungen und zeitraubenden experimentellen Arbeiten publikationsfähig geworden. Ich kann natürlich nicht darauf verzichten, auch meinerseits die Literatur zu berücksichtigen, habe mich aber möglichst streng auf mein Gebiet, die medizinisch-toxikologische Seite, beschränkt. Daß dabei manches Medizinische kritisch behandelt werden mußte, was bereits kurz in der Fischerschen Arbeit referiert ist, konnte mich nicht kümmern und wird auch den Wert der Arbeit nicht vermindern. Ich habe mich bemüht, im Gegensatz zu Fischer überall auf die ältesten Quellen, soweit sie irgend zugänglich waren, zurückzugehen, und habe dabei neben zahllosen Wiederholungen doch auch einzelnes Wertvolle gefunden. Immerhin betrachte ich die historisch-kritische Darstellung der medizinischen Seite nur als eine notwendige Vorstudie zu meinen eigenen Nachforschungen an Mensch und Tier. An den Arbeiten haben sich außer meinem langjährigen Assistenten, Herrn H. K. Lang, der mich in bewährter Weise bei den analytischen Arbeiten unterstützte, noch beteiligt die damaligen Kandidaten der Medizin bzw. Medizinalpraktikanten Lauter, Wolff und Majima. Auch mein Assistent Dr. Gundermann, jetzt Gewerbeassessor, hat an den Luftuntersuchungen in den Fabriken teilgenommen. Privatdozent Dr. Treutlein, Dr. Vogt und Dr. J. L. Burckhardt haben mich gelegentlich bei der makro- und mikroskopischen Untersuchung der Tiere unterstützt. Ein großes Chromatwerk („A" der Fischerschen Darstellung) gestattete gründlichste und wiederholte Besichtigung des Werkes und der Arbeiter. Direktoren und Ärzte wetteiferten, mir in aufrichtiger Weise Erläuterungen zu ihrer Statistik zu geben und alle meine Fragen aufs beste zu beantworten. Drei andere Betriebe konnte ich wenigstens einmal in Muße betrachten. Die große Gerberei von J. Mayer & Sohn in Offenbach gestattete den freiesten Besuch ihrer Chromatgerberei, wobei mir namentlich Herr Direktor Fritz Treusch das weitgehendste Entgegenkommen zeigte.

Allen genannten Personen und Werken gebührt mein aufrichtiger Dank.

Nicht beschäftigt habe ich mich mit der scheinbar absolut feststehenden Ungiftigkeit des Chromeisensteinstaubes. Über die Chromoxyd- und -oxydulsalze muß folgendes genügen:

Fischer konnte keine Notiz über gewerbliche Schädigungen durch Chromoxydsalze in der Literatur finden. Rousseau erklärte die Giftigkeit der Chromate für 100 mal größer als die der Chromoxydsalze, Pander-Kobert fanden Ähnliches. Auf die auffallenden, allen sonstigen Erfahrungen widersprechenden Versuche von Viron mit Chromoxydsalzen komme ich unten zurück. Ich fand die betreffende französische Dissertation erst während der Schlußredaktion der Arbeit.

2. Historische Einleitung.

Das Chrom und die Chromate wurden von Vauquelin um das Jahr 1797 entdeckt. Schon bald nachher soll sich nach Delpech und Hillairet eine Chromindustrie entwickelt haben. Die ersten Erfahrungen, die über den Einfluß von Chrom auf den menschlichen Organismus veröffentlicht wurden, betreffen gewerbliche Vergiftungen. Der schottische Arzt Duncan[1]) beobachtete nämlich in Glasgow 1826,

---

[1]) Duncan, Edinbourgh med. and surg. Journ. XXVI, p. 133, 1826, zitiert bei Kobert-Pander (Arbeiten aus dem pharmak. Institut in Dorpat, Heft II, 1888). Ich finde an der von Pander zitierten Originalstelle (p. 133), die ich durch die Güte der Edinburger Universitätsbibliothek einsehen konnte, nur eine ganz kurze Anmerkung (9 Zeilen) zu einem Referat über Gmelins experimentelle Chromvergiftungen an Tieren. Es heißt da, daß Glasgower Arbeiter, wie oben im Text angegeben, erkrankten, es fehlt aber jeder Autorname für diese Beobachtung oder für das gesamte Referat. Der Name Duncan fehlt im Register. Offenbar stammt

daß seit der Einführung des Kaliumdichromats als Färbemittel die in diesen Betrieben beschäftigten Arbeiter an den Händen bösartige fressende Geschwüre bekamen, die in die Tiefe gingen und manchmal Arme und Hände durchbohrten. Kurze Zeit darauf hat in derselben englischen Zeitschrift W. Cumin[1]) über ähnliche Befunde bei Fabrikarbeitern berichtet, die mit Chromaten ständig in Berührung kamen. Er sah 2 Arbeiter, deren Hände und Arme mit tiefen Geschwüren bedeckt waren infolge des Eintauchens in eine Auflösung von Chromaten in der Färberei. Er sah auch einen Arbeiter aus einer Chromatfabrik mit Geschwüren an den Fingern und der Eichel. Es schien keine Verletzung der Oberhaut in diesem Fall voran gegangen zu sein. Die erste Folge einer anhaltenden Einwirkung auf die Haut ist ein papulöser Ausschlag, welcher in Pusteln ausartet. Dauert die Einwirkung fort, so erzeugt sie unter den Pusteln tiefe Geschwüre. In einem Fall wurde sogar die Muskelsubstanz der Hand von ihnen völlig durchdrungen. Einige leiden weniger durch die Einwirkung einer solchen Auflösung, andere mehr und oft so heftig, daß zu den Gesamterscheinungen Geschwulst des Gesichtes und Entzündung der Augen hinzukommen. Cumin empfiehlt infolgedessen Kaliumbichromat zum Ätzen von tuberkulösen Erhabenheiten, Auswüchsen und Warzen.

Weitere Notizen über Gesundheitsschädigung durch Chromsäure stammen von Ducatel[2]) in Baltimore (1834), der kurz von den Ausschlägen spricht, die sich an den Händen der Chromarbeiter bilden, und auch Geschwüre erwähnt, die bis auf die Fußknochen durchfressen. Von anderen auf die Ätzwirkung der Chromsäure zu beziehenden Störungen in der Industrie weiß er nichts — er spricht zuerst von der Giftigkeit der mit Chromaten beladenen Dämpfe. Nebenbei erzählt er von durch Unvorsichtigkeit bedingten Unfällen, die ein helles Licht auf die Giftigkeit der Chromate werfen: Ein Arbeiter verschluckte Kaliumbichromatlösung aus Unvorsichtigkeit. Erbrechen 5 Stunden lang, dann Tod. Schwere Verletzung der Schleimhaut, des Magens und Duodenums; untere Darmteile normal; über die Nieren wird nichts bemerkt. Bei einem anderen Fall Vergiftung durch ein Butterbrot, das auf einem Sack, der mit chromsaurem Kali bestäubt

---

Pander's Zitat aus Christisons Toxikologie (deutsche Ausgabe Weimar 1831, 51), die er daneben zitiert. Dort steht die gleiche Notiz, aber mit Duncans Namen. Das Referat über Gmelins Chromarbeit im Ed. m. Jour. XXVI rührt wohl von Christison selbst her, der es unterließ, dabei Duncan zu nennen und dies in seinem Lehrbuch nachholte.

[1]) W. Cumin, Edinbourgh med. and surg. Journ. 1828, Bd. 2, p. 137. Dieses nach Dierbach Materia medica I, 1857, S. 492 gegebene Zitat dürfte richtig sein; ich konnte es nicht mehr vergleichen und gebe Dierbachs offenbar sehr ausführliches Referat. Chevallier und Bécourt zitieren 1827, Vol. XXVII, was ich verglich, wo aber nichts von Chromaten und von Cumin, einem Chirurgen, nur eine kleine Monographie über Krankheiten der Mamma steht.

[2]) Ducatel, Journ. de Chimie médicale, de pharmac. et de toxicol. Juill. 1834, Bd. X, p. 438. Uebersetzung von G. Trévet aus dem Journ. of the Philadelphia college of pharmacy Nr. 4, Jan. 1834. Dierbach zitiert als Originalstelle Geddings Baltimore med. and. surgical Journ. Nr. 1, Okt. 1833, p. 44—49.

war, gelegen hatte. Die vierte klinische Arbeit ist eine kurze Krankengeschichte von Heathcote, der 1854 in der Lancet über einen Arbeiter mit Geschwüren im Rachen berichtete, die lange für syphilitische gehalten worden waren. Diese Geschwüre fand er außer bei diesem Arbeiter und seinem Vater, der mit Chrom beschäftigt war, auch noch bei verschiedenen Arbeitern der gleichen Berufsart, was immerhin verdächtig erscheinen muß.

Die Heathcoteschen Beobachtungen sind später von Delpech und Hillairet entschieden als Chromatwirkungen bezweifelt und eher als diphtheritische Rachenentzündungen gedeutet, wofür die spurlose Heilung der Geschwüre in 30 Tagen stimmt. Eine abermalige nähere Besprechung aller Möglichkeiten scheint hier unnötig, in der neueren Literatur findet sich kein gehäuftes Vorkommen von Rachengeschwüren.

Der bekannte Professor der Chemie, Apotheker und Gewerbehygieniker A. Chevallier sammelte 1851[1]) und 1852 einige Nachrichten über die Schädigung durch die Chromate. Aber erst 1863[2]) veröffentlichte er zusammen mit Dr. med. Bécourt als Ergebnis seiner ausführlichen Nachforschung eine kleine, aber inhaltsreiche Studie über den Gegenstand in den Annales d'hygiène[2]), welche unsere Kenntnisse von den Chromatwirkungen mächtig erweiterte.

Sie bringen im wesentlichen einige Briefe von Fabrikbesitzern. Die Elsässer Auskünfte betreffen nur neutrales Chromat und lauten sehr kurz und günstig. Aus der Fabrik in Graville (Seine inférieure) berichtet ihnen der Direktor Clouet im wesentlichen folgendes (die Schilderungen verraten einen sehr guten und kritischen Beobachter):

Bei der Umsetzung von neutralem Chromat mit Säure steigt die Temperatur erheblich, die Dämpfe reißen eine große Menge Kaliumbichromat mit sich, das die Atmosphäre erfüllt und in äußerst feinem Regen als staubförmige Masse niederfällt, welche sich in dem Arbeitsraum verbreitet, und die man in einem Sonnenstrahl sehr gut sieht. Im Munde verursachen sie einen sehr unangenehmen, bitteren Geschmack, in der Nase ein fortwährendes Niesen, nach 6—8 Tagen tritt unter Nasenbeißen, Tränenfluß, hartnäckigem Niesen eine Durchbohrung der Nasenscheidewand ein. In diesem Moment hören die Krankheitssymptome auf. Die Arbeiter haben weiter keine Beschwerden. Schnupfer sind wesentlich geschützt. Über die Nasenperforation wird schon ganz richtig angegeben: Sie betrifft den fleischigen Teil des Diaphragmas, der die beiden Nasenhöhlen trennt. Clouets eigenes Geschwür ist $1\frac{1}{2}$ cm hoch und 1 cm breit.

---

[1]) Schon 1851 hat Chevallier (nach Delpech und Hillairet) eine Notiz an die Académie de médecine gerichtet — da er selbst darauf keinen Bezug nimmt in seiner Arbeit, so habe ich mich nicht bemüht, zu ergründen, ob die Notiz gedruckt ist.

[2]) A. Chevallier et Bécourt, Annales d'hygiène, Deux. Sér., Bd. 20, p. 83. Kurze Mitteilungen machte Delpech am 28. Dezember 1863 und Hillairet am 29. Januar 1864 der Académie de médecine.

Die gesunde Haut wird gar nicht geschädigt. Man kann die Hand in eine mit Bichromat gesättigte Flüssigkeit halten, ja sie einen ganzen Tag mit dem Salz in Berührung lassen, ohne den geringsten schädigenden Effekt zu spüren. Aber die kleinsten Verletzungen, ein Nadelstich z. B., macht einen brennenden Schmerz, und wenn man das Bichromat während einiger Minuten einwirken läßt, so verursacht es eine wirkliche Ätzung. Das Hautgewebe stirbt ab, eine heftige Entzündung tritt auf. Die Schmerzen sind heftig, namentlich im Winter bei starker Kälte. Die Wirkung des Salzes läßt nicht nach, bis das Ätzmittel bis auf die Knochen gedrungen ist. Sorgfalt und Reinlichkeit verhindern die Zustände. Die kleinste Wunde muß mit der größten Sorgfalt vor der Berührung mit dem Chromat geschützt werden. Für die Behandlung sind Umschläge mit essigsaurem Blei das Wichtigste. Auch die Tiere auf dem Fabrikhofe leiden. Pferde verlieren die Hufe. Die Entzündung setzt sich bis an den Oberschenkel fort, Haare fallen aus, Katzen und Ratten zeigen Ätzspuren an den Füßen[1]).

Innerlich genommen wirken einige Zentigramm als Abführmittel, ein Gramm als Gift. Most, in den ein Mutwilliger einige Chromatkristalle geworfen hatte, verursachte heftige Kolik, aber kein Erbrechen. Das Alter spielt keine Rolle. Bei zwei Kindern des Fabrikdirektors mit 5 und 7 Jahren, die manchmal in den Arbeitsraum kamen, gingen die Nasenscheidewände verloren. Nasenbohren mit schmutzigem Finger beschleunigt den Prozeß.

Früher, solange alle Arbeiter in Eimern das kochende Bichromat in die Kristallisationsräume trugen, verloren alle nach 5—6 Tagen bei dieser Arbeit unter ewigem Niesen ihre Nasenscheidewand. Jetzt wird diese Arbeit nur noch von zwei Arbeitern besorgt und die andern dadurch wesentlich geschont.

Nie hat ein Arbeiter, der seine Nasenscheidewand verlor, später über Schnupfen geklagt. — Gepulverter Chromeisenstein macht nichts. Man muß sich nur, wenn man mit ihm gearbeitet hat, schneuzen und etwas spucken.

Die vernachlässigten Chromathautgeschwüre sind schmerzhaft, der Schmerz dauert Tag und Nacht und raubt den Schlaf. Namentlich die Füße und Hände leiden unter den Wunden. Clouet berichtet: „Ich habe Arbeiter gehabt, die an beiden Füßen befallen waren, die nicht mehr gehen und sich nicht mehr aufrecht halten konnten. Andere hatten mehrere außerordentlich geschwollene Finger und an allen eiternde Wunden." Die nähere Schilderung der Erkrankung eines Pferdes würden wir jetzt so deuten, daß die Chromatwunde sich infizierte, und daß eine lange, schließlich zum Tode führende Eiterung die Folge war.

---

[1]) Auch weitere — aber nur lokale — Erkrankungen an Haustieren im Chromatbereich sind beschrieben. Einzelne Tiere sind zwar abgemagert; doch ist Schmerz, Eiterung, gestörte Fähigkeit, zum Futter zu gelangen, dabei stark zu berücksichtigen.

Ein kurzer Brief aus Baltimore von Isaak Thyson berichtet wenig über Chromhautgeschwüre aus Amerika. Er empfiehlt als Heilmittel besonders Silbernitrat. Als Verwendung der Chromate wird hier schon angegeben die Imprägnierung von Baumwollstoffen, angeblich auch von Wollstoffen.

Schon 1861 hatten unabhängig voneinander Delpech und Hillairet, beide Ärzte und Hygieniker, der erstere gleichzeitig Professor an der Pariser Fakultät, mit Studien über unseren Gegenstand begonnen, wohl durch Chevallier und Bécourt auf das Thema aufmerksam gemacht. Fast gleichzeitig überreichten sie der französischen Akademie 1863/64 zwei Arbeiten[1]), die sie dann verschmolzen und ausführlich in drei Teilen vom Jahre 1869—76 in den Annales d'Hygiène publizierten[2]).

Diese Arbeiten sind als sehr gut zu bezeichnen. Sie bringen zum ersten Male ausführlichere Beschreibungen von Beobachtungen einzelner Arbeiter durch Ärzte. In ihrem wesentlichen Ergebnis stimmen die Resultate mit den Angaben von Chevallier und Bécourt überein. Besonders mögen folgende Punkte hervorgehoben werden, die zum Teil einen Widerspruch gegenüber der ersten Arbeit bedeuten: Auch neutrale Chromatlösungen, nicht nur saure, wirken ätzend, wenn auch deutlich schwächer. Die mit neutralem Chromat beschäftigten Arbeiter erkranken später, unregelmäßig und schwächer. Der Chromatstaub spielt neben den mit Chromat beladenen Dämpfen eine wichtige Rolle, die Chromatdämpfe sind wichtiger als der mit Chromat beschmutzte Finger für die Entstehung der Nasengeschwüre.

Sie neigen dazu, die Verletzung des Epithels nicht als absolute Bedingung für das Entstehen von Chromatgeschwüren der Haut in Anspruch zu nehmen. Wenn sie allerdings darauf hinweisen, daß am Präputium, in den Falten der Finger und des Handgelenks leicht Geschwüre entstehen, so kann daran gerade so gut das Vorkommen von kleinen Verletzungen an diesen zarthäutigen Partien schuld sein als wie die Dünne des Epithels an sich.

Während früher bei dem absolut sorglosen Betriebe der Fabriken, wer immer mit dem Chromatbetrieb zu tun hatte, an Nasenaffektion erkrankte, bleiben nach ihren Beobachtungen Aufseher und andere nur gelegentlich in den Räumen weilende Personen häufig verschont. Ihre Schilderungen der schwersten von ihnen beobachteten Hautgeschwüre verraten, daß doch allmählich eine gewisse Sorgfalt im Umgang mit den Chromaten Platz gegriffen hat. Neu sind einige Mitteilungen über das Zustandekommen von Oppressionsgefühl, Bronchitis, Kopfweh. Ich komme auf diese Mitteilungen unten zurück. Von allgemeinen Er-

---

[1]) Hillairet, Les maladies des ouvriers chromateurs. Bull. de l'acad. de méd. 1863/64, Bd. 29, p. 345.

Delpech, De la fabric. des chrom. et de son influence sur la santé des ouvriers. Bull. de l'acad. de méd. 1863/64, Bd. 29, p. 289.

[2]) Delpech et Hillairet, Mémoire sur les accidents auxquels sont soumis les ouvriers employés à la fabrication des chromates. Annal. d'hyg. publ. 1869, II. Ser., Bd. 31, und 1876, Bd. 45, p. 5 und 193.

krankungen haben sie nichts beobachtet. Sie bestreiten sogar auf das bestimmteste, daß jemals die Ulzerationen zu einer allgemeinen Vergiftung führen, oder daß etwa gar die Nasenerkrankung die Folge einer allgemeinen Erkrankung sei.

Der Fortschritt dieser sorgsamen Arbeit gegenüber der Sammlung guter Beobachtungen anderer durch Chevallier und Hillairet ist unverkennbar. Auch die weiteren in neuerer Zeit namentlich in Deutschland gemachten Untersuchungen in Fabriken von Wutzdorf[1]), Burghart[2]), Hermanni[3]), Wodtke[4]) und manchen anderen noch zu nennenden haben noch in Einzelheiten mancherlei Interessantes herbeigebracht, jedoch das von den französischen Autoren gezeichnete Bild und die Gesamtauffassung des Prozesses nicht wesentlich verändert. Aus der Arbeit von Wutzdorf verdient eine besondere Hervorhebung die mit Heise ausgeführte tatsächliche Ermittlung des quantitativen Gehalts der Luft an Chromatstaub und an von Dämpfen mitgerissenem Chromat und die interessanten, mit dieser letzten Frage eng zusammenhängenden genaueren Feststellungen über das Emporreißen von Salz aus kochenden Flüssigkeiten. Alle neuen Arbeiten versuchen — und das ist sehr dankenswert — mit statistischen Zahlen die Gefährdung der Arbeiter zu beweisen, was in den älteren vor der Einrichtung der Gewerbeinspektion und Krankenkassen ausgeführten natürlich nur ganz oberflächlich möglich war.

Die neueste Arbeit von Fischer hat neben einer erschöpfenden Darstellung der Technologie des Chroms neue ausführliche wertvolle statistische Nachweise über Chromerkrankungen in einer Reihe großer deutscher Fabriken während mehrerer Jahre gebracht und eine sehr beachtenswerte Darstellung der Mittel zur Verhütung der Chromaterkrankung gegeben. Ich komme auf die Ergebnisse der Statistik im einzelnen zurück.

3. Wirkungsformen und Eintrittswege der Chromate.

Alle Autoren sind einig, daß auf drei Wegen die Alkalichromate wirken:

    1. Als Lösungen, die auf Haut und Schleimhaut wirken und als Kristallbrocken, die in die Kleider fallen,

---

[1]) Wutzdorf, Die in Chromatfabriken beobachteten Gesundheitsschädigungen und die zur Verhütung derselben erforderl. Maßnahmen. Arbeiten aus dem Kaiserl. Gesundheitsamt 1897, S. 328.

[2]) Burghart, Über Chromerkrankungen. Charitéannalen 1898, Bd. 23, S. 189. Viele Literaturangaben.

[3]) Hermanni, Münch. med. Wochenschr. 1901, S. 536.

[4]) Wodtke, Über Gesundheitsschädigungen in Fabriken von Sicherheitszündhölzern durch doppeltchromsaures Kali. Vierteljahrsschr. f. gerichtl. Mediz. 1899 (3. F.), Bd. 18, S. 325.

2. als Staub, der beim Abklopfen der Kristalle, Trocknen, Transportieren, Zerkleinern, Packen usw. der festen Chromate entsteht,
3. als Tröpfchen, die aus den kochenden Lösungen emporgerissen werden.

Wo im einzelnen in den Chromatfabriken und bei der Chromatverwendung Gelegenheit zur Wirkung dieser Ursachen gegeben ist, ist ausführlich bei Fischer zu finden.

Über den Chromatstaub ist nichts Besonderes zu sagen; er ist den ersten Autoren aufgefallen.

Die chromatführenden Dämpfe, welche aus heißen Chromatlösungen aufsteigen, hat schon Ducatel erwähnt und Chevallier und Bécourt haben sie an Hand von Clouets Beobachtungen beschrieben (S. 4), die letzteren sprechen von staubförmigen Partikeln, die mit den Dämpfen in die Luft gehen.

Delpech und Hillairet haben sie ebenfalls beachtet. Sehr hübsch wird von ihnen dargestellt, wie beim Zusatz der Schwefelsäure zu den neutralen Chromatlösungen eine Temperatursteigerung und eine starke Entwicklung von Dämpfen stattfindet, die eine ziemlich große Menge von Bichromat mitreißen. Niemals kontrolliert ist die auch von ihnen gemachte auffallende Angabe, daß das mitgerissene Bichromat später als „äußerst feiner Staub" niederfällt (vergl. S. 11). Auch beim Einfüllen der heißen eingeengten Lösungen von Bichromat in die Kristallisatiol sgefäße entstehen chromathaltige Dämpfe.

Tabelle 1.
Versuche von R. Fischer. I. Reihe (Fischer, S. 149).

	Ort	In 1 Kubikmeter		
		Salzmenge mg	CrO$_3$ mg	Cr mg
1	Mühlenraum, 7 Untersuchungen	0	—	—
2	Schmelzofen, 4 Untersuchungen	0	—	—
3	Ofenhaus, 7 Untersuchungen .	0	—	—
4	Lösungsraum, 7 Untersuchungen	0	—	—
5	Schmelzkühlapparat, 6 Unters.	0	—	—
	„ 1 „ [1])	4,0 Natriumchromat	1,2	0,6
6	Zentrifuge.	1,9 Natrium- bichromat	1,3	0,7
		1,5 „	1,0	0,5
		0,63 „	0,4	0,2
7	Eindampfkessel und Säurepfanne, 7 Untersuchungen	0	—	—
8	Packmaschine, 2 Untersuchungen	0	—	—
	„ 1 „	1,4 Natrium- bichromat	1,0	0,5

[1]) Das eine positive Resultat wurde während des Abkehrens eines Daches und während der Apparat noch im Versuchsstadium war, erhalten.

Wutzdorf und Heise[1]) gebührt das Verdienst, zuerst Quantitatives über dieses mitgerissene Chromat festgestellt zu haben. Sie haben festgestellt, daß Papiere, die über den Abdampfpfannen in 60—75 cm Entfernung aufgehängt werden, auf der Unterseite unverändert weiß bleiben, auf der Oberseite aber mit unzähligen Pünktchen bedeckt sind. Sie haben auch Photogramme solcher Bilder gegeben. Zur Erklärung wird nur gesagt, daß mit den Dämpfen Chromatteilchen in nicht unerheblicher Menge mitgerissen werden und sich niederschlagen, sobald der Wasserdampf hinreichend abgekühlt ist. Es wurden Mengen von 23—825 mg Bichromat auf einem Quadratmeter Oberfläche in einer Stunde aufgefangen. Aus den Zahlen läßt sich nicht deutlich ersehen, ob, wie zu erwarten, die Chromatmenge abnimmt, wenn man den Auffangschirm höher anbringt. Dagegen läßt das Bild

Tabelle 2.

Versuche von R. Fischer[2]). II. Reihe (Fischer, S. 151).

		In 1 Kubikmeter				
		Salzmenge mg	Cr_2O_3 mg	CrO_3 mg	Cr mg	
1.	Einschaufeln der vorgetrockneten Chromerzmischung in die Chromschmelzöfen.	nur Chromerz	—	0	—	Jeder Arbeiter täglich 2 mal 25 Min. an dieser Arbeit
2.	Auskrücken der Chromatschmelze.	0	0	0	0	—
3.	Entleeren der fertigen Chromatschmelze aus Erz in die Extraktoren.	—	3,66	4,9	2,5	Arbeiter täglich 2 mal 15 Min. an dieser Arbeit
4.	Auskrücken der fertigen Chromatschmelze (der Regeneration) aus dem Ofen in Taschen der Hängebahn.	0	0	0	0	—
5.	Entleeren von fertigen Chromatschmelzen der Regeneration aus den Taschen der Hängebahn in die Extraktoren.	38 55 144 Monokaliumchromat	14,8 21,6 54,0	20,0 28,8 74,0	10,0 14,2 37,0	Alle 24 Std. arbeitet d. Arbeiter hier 1—2 mal 10 Min. mit Respirator.
6.	Chromgehalt der Luft, entnommen an Schauöffnungen der Deckel von Eindampfgefäßen für Chromatlaugen.	0	0	0	0	—

---

¹) Wutzdorf, Arbeiten aus dem Kaiserl. Gesundheitsamt, 1897, Bd. 13, S. 328.

²) Nicht berücksichtigt habe ich Fischers Angabe, daß relativ hohe Zahlen 1,5 — 14 mg Cr größtenteils als Chromoxyd bezw. säureunlöslich aus dem vorgetrockneten Chromoxydkalk pro 1 cbm Luft beim Einfüllen des zu regenerierenden Chrommaterials in die Regenerationsanlage verstäuben.

Tabelle 3.
Versuche von Heise.

I.

Nr.	Ort.	In 1 Kubikmeter		
		Salzmenge mg	CrO$_3$ mg	Cr mg
1.	50 cm über der Natriumchromatabdampfpfanne.	0,054 Natriumchromat	0,016	0,008
2.	45 cm über der Natriumchromatabdampfpfanne.	0,736 Natriumbichromat	0,5	0,25
3.	50 cm über der Natriumchromatsäuerungspfanne.	0,070 Natriumbichromat	0,05	0,025
4.	150 cm über der Kaliumbichromatlauge-Kochpfanne.	1,82 Kaliumbichromat	1,3	0,65
I. a)	Im Kristallisationskasten, Kopfhöhe, während 3 Arbeiter Bichromat zerklopfen.	6,3 Natriumbichromat	0,42	2,10
b)	Ebenso, nur ein Arbeiter beschäftigt.	3,33 Natriumbichromat	2,2	1,11
II.	Füllraum des Natriumbichromats, 150 cm vom Faß entfernt, Kopfhöhe.	0,24 Natriumbichromat	0,16	0,08
III.	Kaliumbichromattrockenkammer beim Sieben und Aufräumen.	45 Kaliumbichromat	32,2	16,1

II. Es fallen auf 1 qm pro 1 Std. in mg

Nr.	Ort.	Salzmenge	CrO$_3$	Cr
1. a)	37 cm über der Natriumchromatabdampfpfanne.	23,81 Natriumchromat	7,21	3,6
1. b)	100 cm über der Natriumchromatabdampfpfanne.	128,2 Natriumchromat	38,0	19,4
1. c)	Über der Natriumchromatabdampfpfanne.	205,11 Natriumchromat	62,2	31,1
2. a)	35 cm über der Natriumbichromatabdampfpfanne.	786,09 Natriumbichromat	542,1	271,1
b)	35 cm über der Natriumbichromatabdampfpfanne.	825,26 Natriumbichromat	569,1	284,6
c)	35 cm über der Natriumbichromatabdampfpfanne.	156,8 Natriumbichromat	118,1	54,1
d)	35 cm über der Natriumbichromatabdampfpfanne, letztere 3 Std. im Betrieb.	214,42 Natriumbichromat	147,9	73,9
3.	40 cm über der Säuerungspfanne.	74,71 Natriumbichromat	51,5	25,8
4.	30 cm über der Auslaugepfanne.	—	—	—
5.	30 cm über dem Kaliumbichromat-Kristallisationsgefäß.	22,4 Kaliumbichromat	16,0	8,0

Meine eigenen Versuche siehe S. 70 u. 71.

auf Tafel IV einen solchen Schluß zu. Warum auf der Unterseite kein Fleckchen zu sehen ist, ist nirgends klar gesagt. Die Zahl der niedergefallenen Teilchen ist nirgends ermittelt, auch nach den Photogrammen nicht mehr nachträglich zu ermitteln.

Ich selbst habe mich erst während der Korrektur dieser Arbeit methodisch mit cand. med. Wisser mit dieser Frage beschäftigt und teile hier vorläufig nur folgendes mit: Die Chromatteilchen werden als feinste Tröpfchen durch den Dampf emporgerissen, der heiße Luft- und Dampfstrom geht nicht bis an die aufgespannten Papiere, sondern weicht seitlich aus. In einiger Höhe über dem Papier läßt der Auftrieb nach, die Tröpfchen fallen herunter. Nimmt man die Salzlösungen konzentriert, so beobachtet man, daß nicht Tröpfchen, sondern Kristalle herunterfallen, — offenbar verdunstet das Lösungswasser der kleinen Tröpfchen leicht. Man kann so ein Rieseln feinster gelber Kristalldrusen bei Aufspannen von schwarzem Glanzpapier wunderschön beobachten. Damit sind die mysteriösen ,,Matières pulverulentes'' in überraschender Weise erklärt. Wir werden bald an anderer Stelle ausführlich über die Frage berichten und auch eine Reihe quantitativer Angaben bringen.

Die bisherigen Angaben finden sich übersichtlich in Tabelle 1.

4. Kritische Übersicht unserer bisherigen Erfahrungen über die Erkrankungen der Arbeiter in Chromatfabriken[1].

a) Haut.

α) Unverletzte Haut.

Alle Autoren sind einig, daß gesunde, unverletzte Haut von Chromatlösungen nicht angegriffen wird. Offenbar schützt aber nur genügend verhornte Haut gegen stärkere Konzentrationen; leichtes Wundsein, d. h. Entfernung der obersten Horndecke hebt den Schutz auf, die sehr zarte, leicht wunde oder verletzte Haut zwischen den Falten am Rücken der Fingergelenke und am Präputium ist besonders gefährdet[2]. Alle neueren Autoren (zuerst Delpeeh und Hillairet) geben an, daß bei gewissen Arbeitern Chromate Ekzeme hervorbringen. Der Grund, warum Einzelne befallen werden, Andere

---

[1] Es sind nur gelegentlich einige Beobachtungen über Erkrankungen in Fabriken, wo Chromate weiter gebraucht werden, zur Vervollständigung der Kasuistik mitverwendet, Fischer bringt hierüber viele Angaben.

[2] Es unterliegt mir keinem Zweifel, daß der Schutz der verhornten Epidermis doch auch nur eine relative Größe ist. Mosqueron macht aufmerksam, daß man mit Bichromat nicht Wucherungen wegätzen könnte, wenn es nicht, in genügender Konzentration und oft genug angewendet, eben doch die Epidermis schließlich angriffe. Chromsäure wirkt noch stärker, neutrales Chromat offenbar so gut wie gar nicht.

nicht, ist ebenso unbekannt wie bei den zahllosen anderen Substanzen, welche Ekzeme erzeugen. Es scheint namentlich Neigung zu starkem Schwitzen eine wesentliche Hilfsursache für Chromatekzeme zu sein. Das Epithel der stark schwitzenden Haut ist dünn, schlecht verhornt, ein schlechter Schutz. Daß Ekzeme von den allerverschiedensten Ursachen bedingt werden, ist allbekannt; Fischer hat nicht weniger als 48 aufgezählt. Es dürften darunter so ziemlich alle wichtigeren Industriezweige, die mit Wasser oder irgendwelchen Chemikalien arbeiten, inbegriffen sein. Die Zahl ließe sich bei größerer Spezialisierung der einzelnen Betriebe außerordentlich vermehren. Herxheimer hat 9 Kategorien aufgestellt und unter sie ca. 70 Einzelursachen eingereiht. (Deutsch. med. Wochenschr. 1912, Nr. 1.)

Von 257 Arbeitern Hermannis bekamen in 2½ Jahren drei so erhebliche Ekzeme, daß sie von der Arbeit bis zur Heilung fernbleiben mußten. Außerdem mußte eine Anzahl neu angestellter Arbeiter wieder entlassen werden, weil sie sehr starke Ekzeme bekamen. Alle diese litten an Hyperhidrosis der Hände und Füße. Der Hauptsitz der Ekzeme ist dementsprechend die leicht schwitzende Haut von Gesicht, Händen, Füßen; Naseneingang und Oberlippen erkranken leicht, weil sie vom Nasenkatarrh oft befeuchtet und durch Wischen verletzt sind.

Von Interesse ist, daß auch zwei Frauen von Chromatarbeitern an heftigem Ekzem erkrankten. Sie hatten die mit Chromat beschmutzten Arbeitsanzüge ihrer Männer entgegen dem Verbot zu Hause gewaschen. Bei der einen erstreckte sich der Ausschlag nur auf beide Hände und Vorderarme, bei der anderen übertrug er sich auch aufs Gesicht und brauchte Monate zur Heilung. Eine durch heißes Wasser gelockerte Haut ist offenbar verstärkt empfindlich. (Ähnliche Erfahrungen aus Färbereien bei Fischer.)

Fischers Statistik gibt für Ausschlag und Ekzeme in sieben Fabriken auf 100 Vollarbeiter pro 1 Jahr im Durchschnitt von 4 bis 10 Jahren: 0,4, 1,4, 4,7, 5,5, 10,0, 11,0, 12,9% Erkrankte, im Gesamtdurchschnitt 6,5% der Chromatarbeiter; in den Zahlen sollen noch einige Verletzungen, Entzündungen darinstecken. Die Arbeit braucht nach Fischer wegen der Ekzeme selten unterbrochen zu werden.

β) Verletzte Haut.

Seit den allerersten Publikationen (Duncan, Cumin) ist bekannt, daß kleine Hautverletzungen, die kleinsten Wunden und Risse von eindringendem Chromat in nekrotisierende Geschwüre verwandelt werden. Der Verlauf des Chromatgeschwürs ist oben (S. 5) nach Chevallier und Bécourt geschildert. Die Schilderung von Delpech und Hillairet lautet für den Anfang ähnlich. Die Autoren beschreiben ausführlich, wie sich dann nach 24 Stunden und zunehmend in den folgenden Tagen die Umgebung der chromathaltigen Verletzung rötet und schwillt. Bei mangelnder Sorgfalt und weiterer Einwirkung von Chromaten nimmt die Geschwulst zu, es tritt im Zentrum ein

Schorf auf von brauner oder grauer Farbe, weicher und schwammiger Struktur, der sich allmählich von den gesunden Geweben abstößt. Wird neues Chrom zugeführt, so geht die Entzündung weiter in die Tiefe, es entstehen dann runde, wie mit dem Locheisen ausgeschnittene Hautdefekte, auf deren Grund sich eine weiche fungöse Granulation von grauroter Farbe befindet.

Früher waren schwere Chromathautaffektionen nicht selten; (s. oben Clouets u. Duncans Bericht S. 3—6).

Schon Delpech und Hillairet sahen keine Gelenkeröffnung mehr, die neuere Literatur bringt solche Angaben nur sehr spärlich.

Fischers neue Statistik gibt in sieben Chromatfabriken für Chromatgeschwüre der Haut (Verbrennungen, Verätzungen, Chromgeschwüre im engen Sinn) pro Jahr

0, 0, 3,9, 8,1, 11,4, 17,7, 20,7

Fälle, im Gesamtdurchschnitt 8,8 Fälle auf 100 Arbeiter.

Es waren dies nur Fälle, die Arbeitsunterbrechung bedingt hatten. Die Hautgeschwüre sind, wie eine besondere Statistik nachweist, im Rückgang begriffen, sie kommen namentlich bei neueingestellten, sorglosen Arbeitern vor.

Durch Vergleich mit den Arbeitern aus anderen Gruppen der chemischen Industrie findet Fischer: Es erkrankten im Durchschnitt der Jahre 1899—1909 an Hautleiden aller Art einschließlich Verbrennungen bzw. Ätzungen in der großen chemischen Fabrik A:

Verlader	6,5 %
Schlosser, Schmiede, Heizer, Bleilöter	7,3
Salzsäure-Sulfat-Industrie	7,4
Schwefelsäure	7,8
Ätzkali, Chlorkalk	9,4
Chlorprodukte, Permanganat	14,4
Salpetersäure	15,5
Chromat	31,5
Anilin	32,2

Die Zahlen der einzelnen Jahre, aus denen sich diese Durchschnittszahlen berechnen, schwanken um 100 und mehr Prozent. Doch bleibt bestehen, daß im Werk A Hautleiden im weitesten Umfang — allerdings in der Mehrzahl der Fälle von absolut harmlosem Charakter — bei Chromatarbeitern auffallend häufig sind — aber, wie es scheint, nur in einzelnen Fabriken.

In der von Fischer nicht bearbeiteten Fabrik J litten, wie mir mitgeteilt wurde, in 4 Jahren 24—29 Arbeiter im ganzen 29 Tage an Chromhautaffektion, also jeder Arbeiter 1 Tag in 4 Jahren.

Da in der Literatur kaum Bilder von typischen Chromatgeschwüren vorhanden sind, so bilde ich in Abb. 1 und 2 zwei solche ab, nach Photogrammen, welche die Herren Dr. Hahn und Dr. Siedler auf Veranlassung des Instituts für Gewerbehygiene in Frankfurt a. M. für diese Arbeit aufgenommen haben.

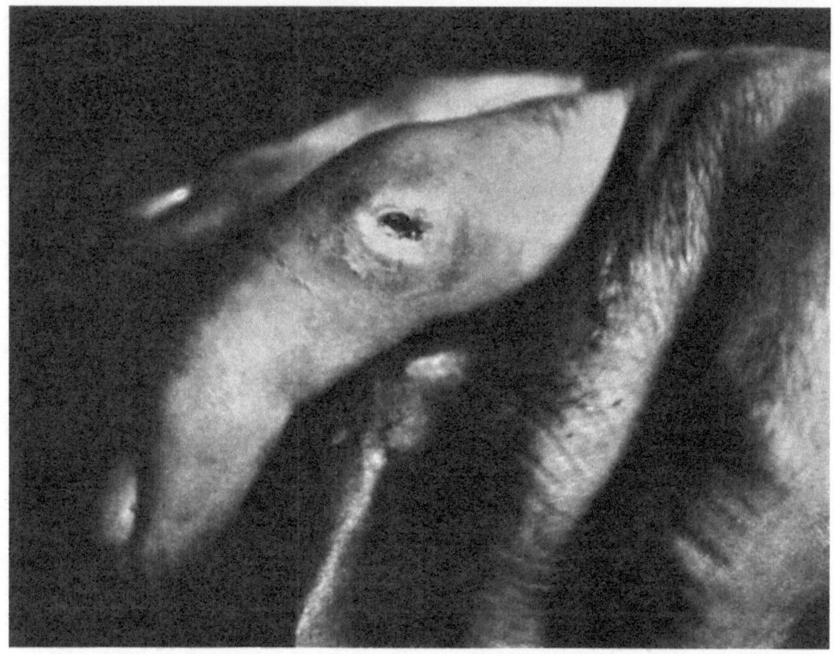

Abb. 1. Chromgeschwür eines Chromatarbeiters.

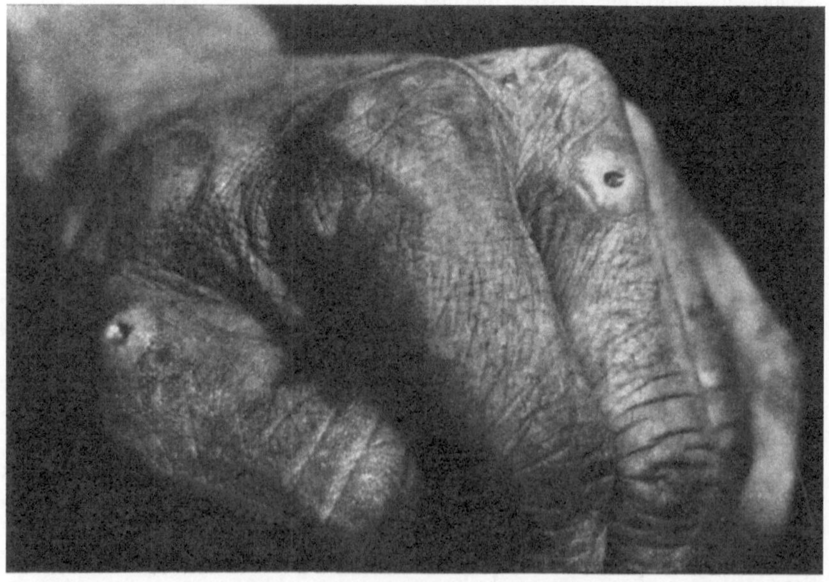

Abb. 2. Chromgeschwür eines Chromatarbeiters.

b) Nase.

Die vier ersten Autoren, welche sich mit den Chromwirkungen beschäftigten (S. 3), haben die Nasengeschwüre und die folgenden Nasenscheidewandperforationen vollkommen übersehen. Erst Bécourt und Chevallier haben wichtige Beobachtungen darüber mitgeteilt. Delpech und Hillairet haben diese Beobachtungen an einem reichen Material vervollständigt.

Nasengeschwüre und Perforation sind von verschiedenen Autoren ausführlich geschildert. Eine besonders sorgfältige Beschreibung gibt Rudloff[1]), der ich folgendes entnehme:

„Der Entstehungsort des Geschwürs liegt rückwärts von der Linie, an welcher die Epitheldecke der äußeren Haut, die sich eine Strecke weit in die Nase hinein erstreckt, aufhört. Diese Linie, welche nach Ecker ungefähr vom vorderen freien Rande des Nasenbeins zum vorderen Nasenstachel des Oberkiefers hinzieht, ist vom Rande der Nasenlöcher etwa 1,5—2,9 cm entfernt. In diesem Abstande von dem Naseneingange bemerkt man auf der Nasenscheidewand eines erst kurze Zeit im Betriebe arbeitenden Mannes eine grauweiß verfärbte Stelle, welche fast kreisrund ist und einen Durchmesser von 0,5—1,0 cm hat. Aus der verfärbten Partie wird in einigen Tagen eine deutliche Geschwürsfläche; allmählich geht das Geschwür in die Tiefe, um in der Regel nach mehreren Tagen, Wochen, Monaten zur Perforation der Nasenscheidewand zu führen. Dieser Vorgang spielt sich naturgemäß verschieden schnell ab. Bei einzelnen Arbeitern war die Verfärbung bereits am zweiten Tage nach dem Eintritt in die Fabrik nachzuweisen; ob die Ätzwirkung der chromsauren Salze noch früher erfolgt, vermögen wir nicht zu sagen, weil wir nicht Gelegenheit hatten, Arbeiter am ersten Tage ihres Eintritts in den Betrieb zu untersuchen. Auffallend war uns aber in dieser Beziehung die Angabe einzelner Leute, daß sie bereits am ersten Tage, nachdem sie in der Fabrik zu arbeiten begonnen hatten, starkes Nasenbluten gehabt hätten. Was die Geschwürsbildung und schließliche Durchlöcherung betrifft, so waren bei 12 Arbeitern bereits acht Tage nach deren Eintritt in den Betrieb Geschwüre deutlich zu erkennen, ein Arbeiter zeigte sieben Tage nach seinem Eintritt in die Fabrik eine Durchlöcherung der Nasenscheidewand; bei einem Arbeiter, dessen Nasenscheidewand vier Monate lang keine Läsion hatte erkennen lassen, hatte sich die Perforation innerhalb eines Zeitraums von acht Tagen, bei zwei anderen Arbeitern, welche ebenfalls längere Zeit verschont geblieben waren, innerhalb eines Zeitraumes von 14 bzw. 15 Tagen entwickelt.“

Ähnliche Beobachtungen finden sich bei allen Autoren. Ich kann dieser Beschreibung nichts hinzufügen. Sie stimmt genau mit dem, was ich selbst erfuhr und beobachtete (vgl. S. 85 u. f.).

---

[1]) Hermanni hat genau die gleiche Vorstellung von der Entstehung der Geschwüre wie Rudloff, mit dem er zusammengearbeitet hat.

Ich gebe zunächst die schematische Abbildung von vier Chromatgeschwüren (Abb. 3—6), welche Dr. R. Fischer — als eine gemeinsame
Bearbeitung des Stoffes beabsichtigt war — auf meinen Wunsch hat
nach lebenden Chromarbeitern zeichnen lassen.

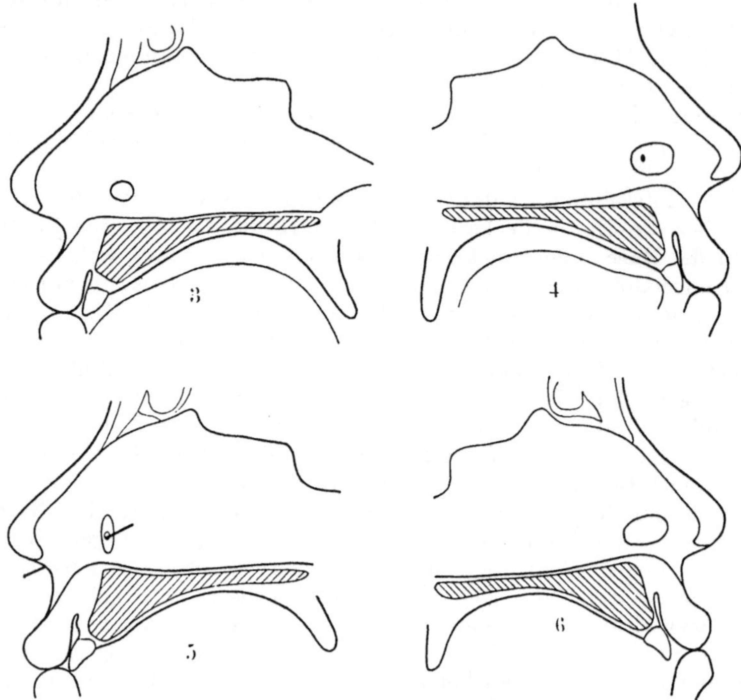

Abb. 3: Kleines Geschwür noch ohne Perforation; Abb. 5: Mit Perforation;
Abb. 4 und 6: Große, alte Perforationen.

Selbstverständlich spielen Bakterien bei der Zerstörung des Gewebes
eine sekundäre Rolle. Wichtig ist, daß nie durch Einsinken der Nase
Entstellung eintritt, daß die ausgeheilte Perforation ganz schmerzlos
und symptomlos ist, daß niemals übler Geruch aus der Nase beobachtet
wurde, und daß der Geruchsinn fast stets erhalten blieb. Ein Beispiel
von Verlust des Geruchsinns siehe bei Delpech und Hillairet,
(Ann. d'Hyg. Bd. XXXI, S. 19). Nach dem Bericht der Chemikal Work
Committee of Inquiry 1873 wäre ganzer oder teilweiser Geruchsverlust
in vielen Fällen zu beobachten — doch widerspricht dies den sonstigen
Erfahrungen. Ich habe leider versäumt, diesen Punkt zu prüfen.

In der Regel machen die Nasengeschwüre nur geringe Beschwerden,
ja öfters entwickeln sie sich, ohne daß der Patient etwas davon merkt.

Es meldet sich höchst selten ein Arbeiter deswegen beim Arzt,
wie mir ganz allgemein versichert wurde.

In anderen Fällen wird über heftiges Niesen, Nasenbluten, leichtes Stechen und Brennen und allerlei kleine Beschwerden geklagt, die durch die Verkrustung des sich entwickelnden Geschwüres bedingt sind. Nur ausnahmsweise sind stärkere subjektive Beschwerden beschrieben, besonders bei kaltem Wetter.

Die Häufigkeit der Nasengeschwüre ist von allen Autoren, die darauf achteten, sehr groß gefunden worden, sowie es sich um Arbeiter handelt, die mindestens ein Jahr in dem Betrieb tätig waren. Die einzelnen Angaben finden sich bei Fischer nach den Originalanführungen Hermannis, Burgharts, Wutzdorffs und Wodtkes. Zwei Drittel der Arbeiter haben mindestens perforierte Nasen, ganz gesunde Nase kaum einer.

Fischers Statistik ergibt auf 100 Arbeiter in sechs Chromatwerken in einem Jahr 0,2; 3,8; 4,9; 8,4; 15,6; 21,4 neue Nasenperforationen an. Die höchsten Zahlen werden auf starken Arbeiterwechsel zurückgeführt. Keine Nasenperforation war mit Arbeitseinstellung verbunden. Bei längerer Beschäftigung ist die Perforation schwer zu vermeiden. 71,4 % der im Jahre 1909 in den Chromatbetrieben beschäftigten Personen hatten perforierte Nasenscheidewand.

In dem Betrieb A beträgt die Zahl der jährlichen neuen Perforationen fast genau so viel wie die Zahl der neu eingestellten Arbeiter, d. h. alle neu eingestellten Arbeiter erwerben eine Perforation im Laufe eines Jahres, in anderen (Betrieb J, vgl. unten S. 104) kommen Perforationen fast nicht mehr vor.

Die neueste Arbeit über Chromgeschwüre ist die Dissertation von Gilbert Fidao [1]).

Sie beschreibt Nasenscheidewandperforation bei Arbeitern, die das französische Pulver J darstellen, das bichromathaltig ist. Die Krankengeschichten bringen nichts wesentlich Neues. In der einen sind einmal Magenschmerzen erwähnt.

Die oft ventilierte Frage, ob das Tabakschnupfen auf die Entstehung der Geschwüre von Einfluß ist, wird von den Autoren immer wieder verschieden beantwortet. Bécourt und Chevallier, Delpech und Hillairet, ebenso Bresgen haben sich für die Schnupfwirkung ausgesprochen, Wutzdorff, Burghart, Wodtke, Hermanni und Rudloff behaupten, „daß die Tabakschnupfer unter den Chromatarbeitern genau so wie die anderen Arbeiter sehr beträchtliche Durchlöcherung der Nasenscheidewand haben können".

Ich habe mich auch nicht von der Wirkung des Schnupfens überzeugen können. Theoretisch müßte Schnupfen einen gewissen Schutz verleihen — wird allerdings mit schmutzigen Händen geschnupft und im Glauben an die Schutzwirkung des Schnupfens vernünftige sonstige Vorsicht verachtet, so kann die entgegengesetzte Wirkung eintreten!

---

[1]) Fidao, Gilbert, Contribution à l'étude de l'ulcère perforant nasal. Thèse de Paris 1910.

Burghart berichtet, daß 1894 von „24 gemusterten Chromarbeitern in Anhalt 22 wegen Zerstörung der Nasenscheidewand dem Landsturm zugewiesen wurden und zwei wegen noch nicht sehr hochgradiger Nasenerkrankung auf 1 Jahr zurückgestellt wurden". — „Im selben Jahre 1894 kamen 84 Chromarbeiter zur Vorstellung im Aushebungsgeschäft, von denen erwiesen sich nur 2 als gesund; einer litt an Zuckerharnruhr, 74 waren chromkrank und unbrauchbar, und zwar 74 wegen Verschwärung der Nasenhöhlen, drei wegen chronischer Leiden der Atmungsorgane, vier wegen beiden. Die weitaus meisten dieser Leute sahen blaß und kränklich aus. Bei sechs Leuten ließ sich Lungenspitzenkatarrh nachweisen, einzelne machten den Eindruck (!) chronischer Nierenkrankheit (Oberstabsarzt Dr. Kanzow)". Burghart, der dies berichtet (S. 209), weist darauf hin, daß diese Ergebnisse den Anstoß zu energischer Überwachung der Chromatbetriebe in ganz Deutschland gegeben haben. Weiter unten (S. 210) sagt Burghart allerdings, daß er in den beiden Anhaltschen Fabriken keinen kachektischen Arbeiter gesehen habe, „was allerdings die Folge der vorausgegangenen Ausmerzung Schwerkranker gewesen sein kann".

Ob man wirklich einen Arbeiter, der eine ganz oder annähernd ausgeheilte Chromatperforation der Nasenscheidewand hat, als militäruntauglich bezeichnen darf, ist mir mehr wie zweifelhaft. Zugegeben, daß er auf jeder Seite 1—2 qcm staubaufhaltende Fläche weniger hat, so scheint mir doch der tadellose Kräftezustand der Mehrzahl der Chromatarbeiter, die ich sehen konnte, zu beweisen, daß eine Nasenperforation keine wesentliche Schädigung für die Ausübung des Soldatenberufes darstellt. Wissen doch viele Menschen überhaupt nicht, daß sie eine solche Perforation haben, und leisten damit schwere Fabrikarbeit.

Etwas anderes natürlich wäre es mit der Kachexie; mit dieser Beobachtung steht aber Kanzow ziemlich ganz allein, und ich werde diesen Punkt unten weiter besprechen.

Warum in der Nase fast nur das Septum, und zwar das knorpelige Septum, befallen wird, warum der Prozeß zum Stillstand kommt, wenn ein ungefähr 1,5—2 cm langes und 1 cm breites Stück Knorpel verschwunden ist, warum eine obere Knorpelspange am Nasenrücken immer stehen bleibt, warum der Knochen des Vomer nur in relativ seltenen Fällen angegriffen wird und nur äußerst selten starke Eiterungsprozesse und Nekrose auftreten, warum der häutige Teil des Septums immer frei bleibt, und nur in seltenen Fällen Geschwüre gegenüber der Perforationsstelle an den seitlichen Nasenflügeln und am vorderen Teil der unteren Muschel vorkommen, hat selbstverständlich viele Forscher beschäftigt. Von den gegebenen Erklärungen, die in der Regel beanspruchen, in einseitiger Weise alles zu erklären, dürfte keine vollständig ausreichen. Vielmehr ist es mir wahrscheinlich, daß eine Kombination der Erklärungen im wesentlichen eine richtige Deutung für den Prozeß liefert.

Schon Clouet hat bei Chevallier und Bécourt die Nasengeschwüre auf die Einatmung der chromatbeladenen Dämpfe geschoben — der bohrende schmutzige Finger spielt daneben eine untergeordnete Rolle. Delpech und Hillairet stehen auf dem gleichen Standpunkt. Zur Erklärung der Lokalisation bringen sie etwa folgendes vor: Anfangs entsteht ein Schnupfen, die Schleimhäute schwellen, legen sich aneinander, die Schwellung verklebt die Nase im Niveau der unteren Muscheln, die genäherten Schleimhäute fixieren Chromatstaub. Dabei bleibt aber doch vollkommen unverständlich, warum nicht auch die Nasenmuscheln erkranken. Durch Fall 34 wollen sie beweisen, daß besonders weite Nasenkanäle die Entstehung der spezifischen Nasenentzündungen hintanhalten, während alle mir bekannt gewordenen Fälle gerade bei verbogenem Septum auf der Seite eine stärkere Erkrankung zeigen, wo die Nase weit ist und der Luftstrom leicht durchgeht.

Die folgende Zeichnung gibt nach dem anatomischen Atlas von Sobotta ein Bild von der Scheidewand der Nase nach Entfernung der rechten Nasenhälfte mit Eintragung der Eckerschen Linie.

Diese Autoren finden auch in dem Aufhören der Krankheitssymptome nach dem Durchbrechen der Nasenscheidewand einen Beweis für ihre Theorie. Es höre jetzt die Gelegenheit zur Verklebung und zur Chromatauflagerung auf und damit auch ein weiteres Umsichgreifen der Entzündung.

Delpech und Hillairet haben daneben (wie später Burghart) die Dünnheit der Septumschleimhaut, ihre Drüsenarmut und Sekretarmut als Ursache angeschuldigt. Rudloff hat an Hand von anatomischen Präparaten widersprochen und angegeben[1]), daß die gefährdete Stelle reich mit Drüsen ausgerüstet sei. (Das Sekret der Drüsen soll kein Muzin enthalten, sondern seröser Natur sein „und die chromsauren Salze nicht wegspülen, sondern lösen".) Hajeks Angaben (Virch. Arch. 122, S. 497) stimmen damit. Rudloff findet die Erklärung für die Lokalisation in dem Umstand, daß der vordere Teil des Septums mit verhorntem Epithel bedeckt sei, ebenso der zum Nasenrücken gehörige Abschnitt. Dadurch sind sie gegen die Ätzwirkung der Chromate geschützt. Die Plattenepithelgrenze bildet auf dem Septum eine Linie vom vorderen Rand des Nasenbeins zum vorderen Nasenstachel des Oberkiefers (Ecker). „Die von Flimmerepithel bekleidete Partie ist der Zerstörung meist vollständig preisgegeben." Weiter gibt Rudloff noch an: „Wie für jene Stellen der Nasenscheidewand erweist sich das verhornte Epithel auf dem vorderen Ende der unteren Muschel und dem Anfangsteile des unteren Nasenganges auch für diese Region als Schutzeinrichtung; denn wenn auf der lateralen Nasenwand ein Geschwür entsteht, so breitet sich dieses wohl in der Richtung nach den Choanen, nicht aber nach dem Naseneingang zu aus."

---

[1]) Sorgfältiges Studium der ausführlichen neuen Darstellung des Geruchsorganes von Kallius (in Bardeleben, Handbuch der Anatomie) ergibt das Zutreffende der Rudloffschen Angaben. Nur ist individuell der Umfang des Plattenepithelbereichs verschieden groß.

Abb. 7 gibt einen Überblick über die Zusammensetzung der Nasenscheidewand.

Auch die mechanischen Momente sind früh, und zwar schon (Ann. d'hygiène, Bd. 45, S. 215) von Delpech und Hillairet neben den anderen Erklärungen herangezogen. Es wird dort ganz richtig ausgeführt, daß der eingeatmete Luftstrom die Nasenscheidewand an der Stelle trifft, wo das Geschwür sitzt, und daß er dort seine ätzenden Partikelchen ablagert. Poincaré hat 1886 in seinem Lehrbuch „Traité d'hygiène industrielle" diesen Standpunkt ebenfalls vertreten. „Die schiefe Richtung, welche der Nasenflügel dem Inspirationsstrom gibt, lenkt diesen in gerader Linie auf die Scheidewand zu. Die gereizte Schleimhaut schwillt immer mehr und mehr an und fängt an dem bezeichneten Punkte alle Teilchen des Kaustikums."

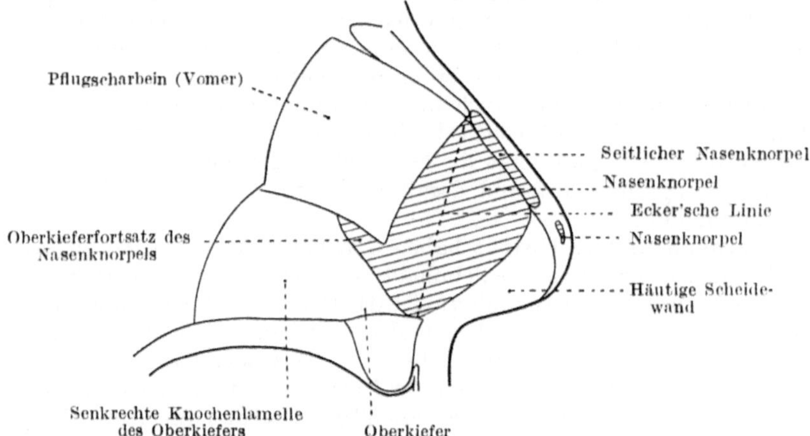

Abb. 7.   Schema der Zusammensetzung der Nasenscheidewand nach Sobotta.

Unabhängig von dieser Erklärung hat mein Schüler Bamberger[1] 1902, gestützt auf die physiologischen Arbeiten über die Richtung des Inspirationsluftstroms von Paulsen (1882) und Kaiser (1890) die gleiche Erklärung gegeben. Wie beifolgendes Schema von Paulsen zeigt, prallt der größte Teil der Inspirationsluft schief aus das Septum, ungefähr an der Stelle, wo wir in der Tat das Geschwür beobachteten, und wird dann, nachdem sein Staubgehalt dort deponiert ist, auf den gezeichneten Wegen weiter geleitet. Die rechte Hälfte des Bildes (Abb. 8) zeigt eine Aufsicht auf die durch das Septum geschlossene Nasenhälfte, die linke Hälfte gibt das Bild bei Wegnahme des Septums.

Es unterliegt mir keinem Zweifel, daß diese mechanische Erklärung nicht ausreicht. Denn wenn das Septum zerstört ist und nicht mehr die Chromatteilchen abfiltriert, so müßte die übrige Nase erkranken, wenn

---

[1] Bamberger, Münchener med. Wochenschr. 1902, Nr. 51.

sie ebenso erkrankungsfähig wäre wie das Septum. Und ich muß
Rudloff recht geben, wenn er auf anatomische Verhältnisse, speziell
die Epithelauskleidung großen Wert legt. Dabei wird aber nicht zu
bestreiten sein, daß auch den Überlegungen von Delpech und Hillairet,
Poincaré und Bamberger eine große Bedeutung zukommt. Ich
möchte, ihre beiden Erklärungen zusammenfassend, die Entstehung des
Geschwürs so erklären, daß ich sage: Die Geschwürsbildung findet
an der Stelle statt, die 1. am stärksten von den Chromatteilchen ge-

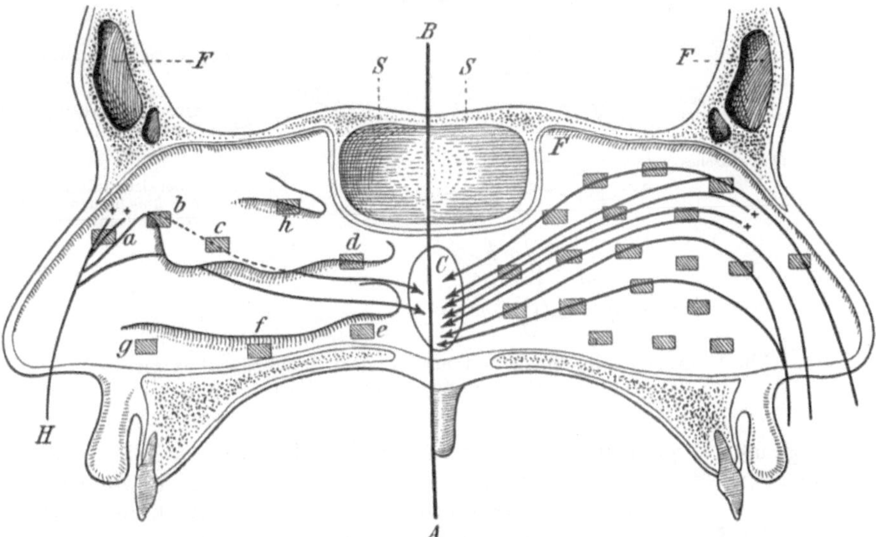

Abb. 8. Weg der Luft in der Nasenhöhle. Rechts ist der Weg an den Muscheln,
links am Septum zu sehen.

troffen und 2. durch Bedeckung mit Zylinderepithel für die Erkrankung
hervorragend disponiert ist[1]). In der Mehrzahl der Nasen findet sich außer
dem Septum keine für die Chromaterkrankung hervorragend disponierte
Stelle.

Den Streit, ob der mit dem Finger in die Nase gebrachte Chromat-
schmutz oder die Inhalation von „Chromatdämpfen" und Chromatstaub
an dem Prozeß schuld ist, möchte ich mit Rudloff dahin beantworten,
daß unzweifelhaft der Staub und die Dämpfe die wichtigste Rolle spielen,
ohne daß ich bestreite, daß der Finger gelegentlich eine Hilfsrolle
sowohl in mechanischer als in chemischer Richtung spielen kann.
Wir werden aber in Abschnitt II 5 und Abschnitt III 1.c sichere Motive
finden, die dafür sprechen, daß der Luftstrom vollständig zur
Erzeugung der Geschwüre ausreicht.

---

[1]) Inwieweit auch die schlechte Ernährung namentlich der zentralen Partien
des (gefäßlosen!) Nasenknorpels, auf dem das Geschwür beginnt, an der Lokalisation schuld ist, kann ich nicht ganz beurteilen.

Bei dem Abschluß meiner Arbeit machte mich Herr Dr. Ernst
Seifert, damals Medizinalpraktikant an der hiesigen Anatomie,
darauf aufmerksam, daß an der typischen Stelle des Chromatgeschwürs
das sog. „Jacobsonsche Organ" bei Mensch und Säugetieren liegt.

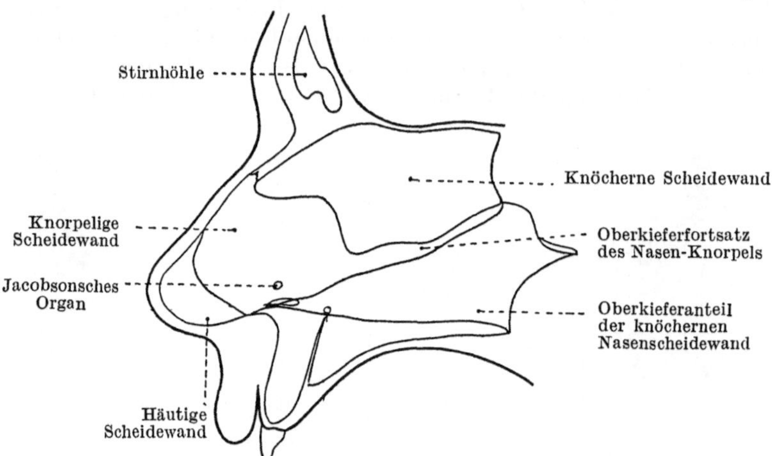

Abb. 9. Ansicht des Nasensystems mit dem Jacobsonschen Organ
von der Seite gesehen nach Kallius.

Eine genaue Vergleichung der Literatur ergab in der Tat, wie beifolgende
Figur zeigt, die vollkommene Richtigkeit dieser Angabe. Etwas nach
innen und oben von der Wurzel des ersten Schneide-
zahns zeigt die Schleimhaut des Septums eine kleine
Einstülpung, die Abb. 9 nach Toldt angibt. Es
scheint mir in der Tat nicht unmöglich, daß sich in
dieser Schleimhautausbuchtung Chromat festsetzt
und die an dieser Stelle besonders dünne Bedeckung
des Septums leicht durchätzt. Abb. 10. Das Jacobsonsche Organ ist ein rudimentäres Riechorgan, das
beim Fötus des Menschen stets vorhanden, beim erwachsenen Wiederkäuer noch sehr deutlich zu sehen
ist, und das auch bei vielen erwachsenen Menschen
noch deutlich demonstriert werden kann. Bei anderen
scheint nur noch eine Andeutung vorhanden zu sein;
diese entbehren dann einer besonders schwachen Stelle
in der ohnehin schwachen Septumregion.

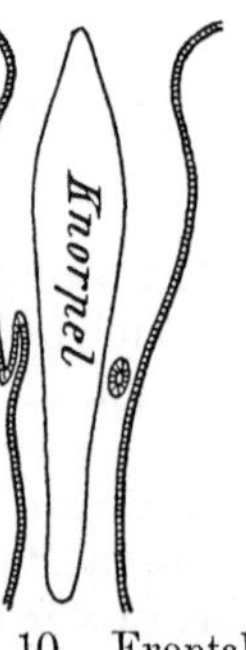

Abb. 10. Frontal-
schnitt durch das
knorpelige Septum
mit dem Jacobson-
schen Organ, rechts
ist die Öffnung,
links ein Quer-
schnitt getroffen.
(Nach Toldt.)

Es ist unverkennbar, daß das Geschwürchen etwa
an der Stelle des Jacobsonschen Organs zu beginnen
pflegt — mehr möchte ich nicht behaupten.

Nirgends finde ich eine befriedigende Erklärung
für das Aufhören der Reizsymptome nach Zerstörung des nekrotischen
Knorpelstücks. Poincaré sagt zwar darüber:

Man begreift, warum nach einmal zustande gekommener Perforation die Schmerzen und alle Symptome des Schnupfens wie mit einem Zauberschlage verschwinden, weil eben nur noch ein großes Loch vorhanden ist, das nicht weiter zerstört werden und das Kaustikum zurückhalten kann, und weil auch die Schleimhaut sich endlich an eine Reizursache gewöhnt, die nur vorübergehend ist.

Ich glaube, daß zunächst in den üblichen Schilderungen mit dem „Zauberschlag" etwas Unfug getrieben wird. Heute wenigstens kommen die meisten Perforationen so langsam zur Entwicklung, daß der Arbeiter keine Ahnung hat, ob ihm die „von Schmerz erlösende Wohltat" der Perforation schon zuteil geworden. Ich möchte glauben, daß es bei den früheren akuten Perforationen der Druck des nekrotischen von Borken bedeckten Gewebes war, was den Schmerz, und die Abstoßung der drückenden Borke, was die Erlösung bedingte. Daß die Erkrankung, nachdem die Perforation eine gewisse Größe erreicht hat, stehen bleibt, ja daß die Ränder heilen, deute ich so, daß der durch die Wundreaktion vaskularisierte Knorpelrand nun besser ernährt und daß er durch Plattenepithel und Narbengewebe geschützt ist. Daß nicht weitere Teile der Nase erkranken, wenn das Chromat nicht mehr an der fraglichen Stelle deponiert wird, erkläre ich durch die Annahme, daß beim normalen Menschen und bei nicht extremer Chromzufuhr die übrigen Teile der Nase nicht wesentlich empfindlicher gegen Chromat sind als die Conjunctiva, die Lippen, die Mund- und Rachenschleimhaut.

Es erkrankt also die fragliche Stelle aus dreifachem Grunde, einmal wird sie in ganz besonders starker Weise bei der Inspiration getroffen, zweitens aber ist sie besonders empfindlich wegen des Mangels an Plattenepithel, und drittens scheint sie wegen ihrer zentralen Lage auf dem Knorpel schlechter geschützt als mehr an der Peripherie gelegen.

Unbestritten ist, daß auch andere die Nase treffende chemische Schädigungen ganz ähnliche Geschwüre hervorbringen; so hat Dr. Paul Müller [1]), prakt. Arzt in Staßfurt-Leopoldshall, gefunden, daß das Mahlen von Kalisalzen, Kainit, Karnallit, Kieserit, Sylvinit und Steinsalz allerdings langsam Katarrh, Geschwüre und Perforation am Septum hervorbringt. Von 165 Mann hatten 42 alte Perforationen, 9 frische Geschwüre, 45 Nasenkatarrh, 69 gar nichts.

Mackenzie hat an acht Frauen in einer Salzfabrik eine schwere Perforation und 3 leichtere Erkrankungen der Nase festgestellt — während Fischer zwei Mitteilungen von Precht aus dem Salzwerk Neu-Staßfurt und von der Königl. Berginspektion zu Vienenburg bringt, nach denen nichts Ähnliches beobachtet werden konnte.

Beschrieben ist Perforation durch Zementstaub durch Foulerton (Zeitschr. f. Gewerbehyg. 1906, S. 52) und neuerdings durch Koelsch [2]), der

---

[1]) Müller, Vierteljahrsschrift f. gerichtl. Medizin, Bd. X, 1895, S. 381.
[2]) Koelsch, Gesundheitliche Erhebungen in bayr. Zementfabriken 1911. (Aus den Berichten der bayr. Gewerbeinspektoren.)

1911 10 Septumperforationen bei bayrischen Zementarbeitern fand, d. h. bei 1,7 % der Untersuchten.

Delpech und Hillairet haben auch an vier Schweinfurtergrünarbeitern solche gefunden (Annal. d'hygiène, 2. Serie, Bd. 45, S. 40, 1876), bei Kokainschnupferinnen, den Opfern einer neuen Form des Kokainismus (Deutsch. med. Woch. 1913, Nr. 2), sind solche konstatiert, Fidao (a. a. O.) hat auch bei Arbeitern, die mit dem chromatfreien Schwarzpulver und Weißpulver beschäftigt waren, zwei vollständige bzw. zwei beginnende Perforationen gesehen, ebenso an zwei Trinitronaphthalinbrechern und an einem Kupfer- und Stahldreher, der seine Metallbohrer mit konzentrierter Schwefelsäure befeuchtet anwendet. Dabei wird zu fragen sein, ob in den letzteren Fällen die Chromatschädigung sicher ausgeschlossen ist.

Auch ohne spezielle Einwirkung bestimmter Chemikalien können ganz ähnliche Geschwüre und Perforationen auftreten wie beim Chrom. Weichselbaum[1]) (1882) und Hajek (1890) haben wohl zuerst genaue pathologisch-anatomische Untersuchungen an großem Material über das perforierende Nasenscheidewandgeschwür angestellt. Was Hajek über die klinische und pathologische Erscheinung, über die fast fehlenden Symptome im Leben, über die Lage, Form, Grenzen und Stadien des spontan perforierenden Nasengeschwüres sagt, paßt absolut für das Chromatgeschwür, obwohl die Chromätiologie für die allermeisten seiner Fälle sicher ausgeschlossen ist und das Wort Chromat in seiner Arbeit gar nicht vorkommt. Er weist darauf hin, daß die Mucosa des Septum cartilagineum von zahlreichen Schleimdrüsen mit weiten Öffnungen durchsetzt sei, die bis ganz nahe an das Perichondrium vordringen und leicht reizende Substanzen aufnehmen, daß das Septum die Prädilektionsstelle für Nasenblutungen darstelle, jedes Nasenbluten aber auch die Schleimhaut schädige. Endlich betont er die Zugänglichkeit dieser Stelle für den bohrenden Finger.

Wenn er aber im weiteren davon spricht, daß der Mangel an flimmerndem Zylinderepithel an der Geschwürstelle (es ist dort nach ihm Plattenepithel vorhanden!) die Wegschaffung der Fremdkörper erschwere, so befindet er sich mit den Tatsachen im Widerspruch. Syphilitischen oder tuberkulösen Ursprungs waren die Geschwüre ganz selten, es wurden aber massenhaft Kokken, Strepto- und Staphylokokken, und eine schlecht färbbare Bazillenart[2]) gefunden. Sicher spielen sekundäre bakterielle Infektionen auch bei den Chromatgeschwüren eine wichtige Rolle für die Beeinflussung des Verlaufs. Die sämtlichen Beobachtungen sprechen wieder ganz deutlich dafür, daß die knorpelige Nasenscheidewand gegen mechanische, chemische und bakterielle Schädigungen in ihrem zentralen Teil besonders schlecht

---

[1]) Weichselbaum (Allg. Wiener Med. Zeitung 1882, Nr. 34/35), Hajek (Virchows Arch. 122, S. 497); die ältere klinische Literatur: Voltolini, Roßbach vergl. bei Hajek.

[2]) Diese Bazillen erinnern etwas an Bangs Nekrosebazillus nach der Beschreibung, z. B. Nichtwachsen in aeroben Kulturen.

geschützt ist und zur Nekrose neigt, auch wenn der Luftstrom keine besonderen Schädigungen hinträgt.

Zuckerkandl hat in einer größeren Arbeit (Mediz. Jahrbücher 1880, S. 67) über 150 Sektionen der Nasen an Material der Wiener Anatomie — also an Leichen von Menschen, die an den verschiedensten Krankheiten gestorben waren — berichtet.

Achtmal wurden Perforationen des knorpeligen Septums gefunden. Über die Ursache dieser Perforation gibt er nichts an. Seine Beschreibung der pathologisch-anatomischen Vorgänge deckt sich vollkommen mit dem, was die Autoren über das Chromgeschwür angeben, und braucht hier nicht wiederholt zu werden — es scheint also die spontane Nasenseptumperforation nicht eben selten, so daß nicht jede vereinzelte Perforation bei einem Industriearbeiter eine Industriekrankheit zu sein bräuchte! Nebenbei spricht dies dafür, daß die Nasenperforation keine ernste Gewerbekrankheit, keine dauernde Gesundheitsschädigung, keinen Anlaß für Befreiung vom Militär darstellt.

Was ich über Erkrankung anderer Nasenpartien — außer dem Septum — finden konnte, ist etwa folgendes:

Die von Dougall [1]) an den Nasenflügeln und am Kehlkopf beobachteten Geschwüre sind nach Einsicht des Originals nicht einwandfrei, er sah dieselben nicht selbst!

Nach I. N. Mackenzie [2]) entsteht neben der Durchlöcherung der Scheidewand hier und da auch ein Geschwür an den unteren Muscheln, im Nasenrachenraum, im unteren Teil der Rachenhöhle, ja es kann eine eitrige Entzündung der Paukenhöhle durch Fortpflanzung durch die Ohrtrompete entstehen.

Burghart berichtet von den offenbar sehr schlecht geschützten Anhaltschen Chromarbeitern aus der Mitte der 90er Jahre von zwei Fällen von Geschwüren an der unteren Muschel, so S. 210.

Daß Newmann [3]) neben einer Septumperforation einmal ein Adenokarzinom der unteren Muschel gefunden hat, braucht keine gemeinsame Ätiologie zu bedeuten.

c) Mund, Rachen, Speiseröhre.

Über Geschwüre im Rachen, die Ähnlichkeit mit syphilitischen Geschwüren haben sollen, konnten Delpech und Hillairet nichts beobachten. Sie bezweifeln den Fall von Heathcote (vgl. S. 4).

Mackenzie erklärt dagegen Geschwüre in Pharynx, Trachea und Bronchien für häufig.

Ein Fabrikant erzählte Wutzdorff, daß ein Arbeiter Geschwüre am Gaumen und im Rachen gehabt habe.

Wutzdorff berichtet einen Fall von Speiseröhrenverätzung (1887), Tod durch Narbenbildung. Burghart sah einige Gaumen-

---

[1]) Dougall, The Lancet 1871, 2. Dez., Nr. 25—27.
[2]) Mackenzie, Philad. med. Times, 14, 1884, p. 613.
[3]) Newmann, Intern. Zentralbl. f. Laryng., Rhin. 1891, Nr. 7, 300.

geschwürchen; Wolff beobachtete früher — aber schon seit Jahren nur mehr höchst selten — kleine Geschwüre in Mund und Rachen.

Hermanni sah in Mund- und Rachenhöhle von Chromatarbeitern, obwohl er sorgfältig auf ihre Beschaffenheit achtete, nur einmal Geschwüre, die möglicherweise luetischen Ursprungs waren. Es sind also diese Geschwüre ohne praktische Bedeutung in der Gegenwart.

d) Augen und Ohren.

Augenstörungen sind selten in der Literatur erwähnt, am häufigsten noch äußerliche Lidgeschwüre — die bei der Zartheit und Faltung der Lidhaut leicht verständlich sind — und Conjunctivitis; Keratitis scheint selten.

Mosqueron[1] soll nach Virchow-Hirschs Jahresbericht sieben Fälle von Conjunctivitis bei Stubenmalern, die Kaliumbichromat verwendeten, beschrieben haben — es handelt sich aber tatsächlich um Hautgeschwüre und Ekzeme, nur ganz nebenbei um Augenreizungen bei Chromatanilinschwarzfärbern!

Napias[2] hat bei Photographen, die mit Chromaten arbeiteten, leichte Augenentzündungen beobachtet.

Burghart hat unter 288 Arbeitern 10 mal, unter 134 2 mal Conjunctivitis gesehen.

Hermanni sah in $2\frac{1}{2}$ Jahren an 257 Arbeitern 13 vorübergehende Fälle von Arbeitsunfähigkeit wegen Bindehauterkrankung.

Hermanni beobachtete 13 Fälle von Conjunctivitis auf 257 Arbeiter in $2\frac{1}{2}$ Jahren, meist durch Verspritzen heißer Lauge, also zwei auf 100 pro Jahr.

Fischers Statistik gibt im Durchschnitt der letzten 10 Jahre traumatische Augenentzündungen im Werke A

bei den Chromaten . . . . . 2,6 %
bei den Säuren 2,4
bei den Alkalien und Erden . 1,2

an.

Es ist interessant, daß die Chromatzahlen seit 1888 in viel stärkerem Maße gefallen sind, als die anderen.

In einer großen Chromatfabrik sind nach Fischer von 1891/92 bis 1911 an 889 insgesamt beschäftigten Chromatarbeitern 26 Augenerkrankungen mit Arbeitsunfähigkeit beobachtet worden oder auf 50 durchschnittlich jährlich beschäftigte Arbeiter 1,4. Von den 26 Erkrankungen sind 20 Conjunctivitis, 6 Keratitis. Über die Schwere und den Ausgang der letzteren Erkrankung fehlen Angaben.

Mackenzie[3] hat 1884 auch Mittelohreiterungen bei Chromarbeitern beschrieben — das Original ist mir unzugänglich. Hermanni meldet

---

[1] Mosqueron, Des accidents développés chez des ouvriers teinturiers par l'emploi du bichromate de potasse. Thèse de Paris.

[2] Vgl. Duchesne und Michel, Ref. in Vierteljahrsschr. f. gerichtl. Medizin 1884, S. 374.

[3] Mackenzie, Annales des mal. de l'oreille et du larynx, Sept. 1884.

nichts von Ohrenerkrankungen. Es kommen Entzündungen des äußeren Gehörganges, Katarrhe des Trommelfells und Mittelohrkatarrhe nach Röpke[1]) vor; das erste und zweite ist begreiflich, das dritte offenbar sehr selten.

Es wird aber niemals merkwürdig sein, wenn bei eitriger Septumperforation auch einmal eine Mittelohrentzündung auftritt — ebenso kann aber auch einmal ein Chromarbeiter eine Mittelohrentzündung bekommen, die nichts mit dem Chromat zu schaffen hat.

e) Respirationsapparat.

Hermanni hatte keine Veranlassung, Kehlkopfuntersuchungen vorzunehmen. Er gesteht aber, es können schmerzlose Kehlkopfgeschwüre unbemerkt geblieben sein; die Literatur bringt nichts Bestimmtes, nach der englischen Fabrikenquête von 1893 sind auch im Kehlkopf, in der Luftröhre und deren Verzweigungen Geschwüre vorgekommen.

Bécourt und Chevallier erfuhren nichts von Respirationsstörungen. Zuerst beschrieben Delpech und Hillairet Lungensymptome: ein mehr oder weniger starkes Oppressionsgefühl, das manchmal bis zur Orthopnoe führte, kürzer oder länger dauerte, aufhörte und sich mehrfach wiederholte, gewöhnlich bei Nacht stärker war als bei Tage, von Husten und Auswurf von verhärtetem Schleim begleitet war. Von 11 Arbeitern in Argenteuil litten 5, nachdem sie einige Tage in der Fabrik beschäftigt waren, an dieser Dyspnoe, obwohl sie in verschiedenen Teilen der Fabrik beschäftigt waren. Hervorzuheben ist aber, daß Delpech und Hillairet bemerken, daß sie diese Respirationsstörungen nur nach den Berichten der Arbeiter schildern und sie nicht selbst gesehen haben. Besonders wichtig ist der allerletzte Satz, der darauf hinweist, daß diese Störung nur in einem Werk, das heute geschlossen ist, beobachtet wurde; in diesem Werke wurde Salpeter zur Erzeugung der Chromate verwendet und dabei treten nitrose Gase auf; es könnten also diese Erkrankungen damit zusammenhängen. Bei den meisten Arbeitern waren die Störungen nur vorübergehend, als ob Gewöhnung eintrete. Die Chromatfabriken wurden in Frankreich durch Verordnung vom 31. Mai 1833 in die zweite Klasse der gesundheitsschädlichen Betriebe gereiht, wegen der nitrosen Gase, die sie damals verbreiteten.

Hermanni fand die Erkrankung der tieferen Atmungswege an 257 Arbeitern in $2\frac{1}{2}$ Jahren nicht besonders zahlreich. In der Statistik sind 27 Fälle aufgeführt, davon betreffen 5 akute Lungenentzündungen, 1 Rippenfellentzündung, die übrigen Bronchialkatarrh; „zwei von den letzteren bekamen Asthma, welches bestehen blieb und noch heute besteht, trotzdem die Erkrankten schon längere Zeit nicht mehr mit Chromat in Berührung gekommen sind". Ich habe auch von Asthma durch Chromatarbeit gehört, welches sich aber mit Aufgabe derselben

---

[1]) Röpke, Die Berufskrankheiten des Ohres und der oberen Luftwege. Wiesbaden 1902.

besserte oder verlor. „Die Erkrankungen der Luftwege", schließt Hermanni, „sind demnach in der Tat nicht häufig, nach meinen Erfahrungen nicht häufiger als bei anderen Arbeitern derselben Fabrik, welche großen Temperaturunterschieden oder Wind und Wetter ausgesetzt sind."

Wutzdorff berichtet aus Leverkusen (a. a. O. S. 334) einige Erkrankungen der Luftwege bei Chromatarbeitern — es sollen dies aber Erkältungen gewesen sein.

Burghart erwähnt neben Spitzenkatarrhen (chronischen Leiden) (S. 209) einige Fälle von Bronchialasthma (S. 208); er selbst sah nur Bronchitis, und zwar nur zwei Fälle auf 80; ein Fall von Asthma soll dagewesen sein.

Die neue Fischersche Statistik ergibt für die Mehrzahl der Betriebe gar nichts Auffallendes über Respirationskrankheiten. Dagegen zeigt sich, daß sie in einer großen Fabrik A (Durchschnitt von 1899—1909) absolut und relativ sehr häufig sind.

Auf 100 Arbeiter der Chemischen Fabrik A kamen in den einzelnen Betrieben:	Fälle von Erkrankung der	
	Atmungs-organe	Verdauungs-organe
Schlosser, Schmiede, Heizer, Bleilöter	8,6	13,8
Verlader, Verwieger, Hofarbeiter, Fuhrleute	10,7	10,9
Schwefelsäure	12,1	11,3
Chlorprodukte und Permanganat	12,8	13,3
Anilin	13,1	31,4
Salzsäure, Sulfat	13,3	21,4
Ätzkali, Chlorkalk	14,9	12,6
Salpetersäure	21,2	11,1
Chromat	21,2	20,4

Die Atmungsorgane erkranken somit so häufig bei den Chromarbeitern wie in der Salpetersäurefabrikation und weit häufiger wie in allen anderen zum Vergleich angeführten Industrien.

Eine Disposition zu Lungentuberkulose konnte Hermanni nicht beobachten, auch kein anderer Autor spricht davon. Daß von 84 Arbeitern einmal 6—7 Lungenspitzenkatarrh zeigten (Burghart-Kanzow, S. 209) ist nicht ohne weiteres auf das Chrom zu beziehen. Später fanden sich unter 288 Chromarbeitern 2 Bronchialkatarrhe, noch später (auf S. 134) keine Respirationskranken.

Das Sätzchen in Lewins Toxikologie S. 139: „Die Ausscheidung der Chromate erfolgt durch Nieren und Darmdrüsen und bei Tieren vielleicht auch durch die Drüsen der Luftwege, welche entzündlich gefunden wurden", hat eine Reihe von Autoren veranlaßt, an die Möglichkeit zu denken, daß die Bronchitis der Chromarbeiter auf resorbiertes und in den Bronchien wieder ausgeschiedenes Chrom zu beziehen sei. Diese Annahme ist ziemlich unbewiesen und kaum nötig, da geringe

Chromatmengen auch die Nase und wahrscheinlich etwas leichter als die gesunde die perforierte Nase passieren, also direkt in die Bronchien gelangen können.

f) Verdauungsapparat.

Weder Chevallier und Bécourt noch die eifrig die klinischen Beobachtungen sammelnden Delpech und Hillairet haben irgendetwas von Magenstörungen beobachtet, obwohl die letzteren danach geforscht haben.

Hermanni hat an 257 Arbeitern in zweieinhalb Jahren 12 Erkrankungen des Verdauungskanals beobachtet. Sie waren meist leichter und vorübergehender Natur. Es handelte sich zumeist um Durchfälle, welche mit mehr oder weniger erheblichen Schmerzen, in 2 Fällen kolikartigen, verbunden waren und in 4—10 Tagen zur Heilung kamen. Erbrechen wurde nur einmal beobachtet, und in diesem Fall war sicher ein grober Diätfehler im heißen Sommer und nicht das Chromat schuld.

Nach Hermanni „kamen Erkrankungen des Verdauungskanals bei den anderen Arbeitern der Betriebe in derselben Fabrik in mindestens derselben Häufigkeit vor, es kann also von einer spezifischen Giftigkeit des Chromats füglich nicht geredet werden". Burghart berichtet nichts von Verdauungskrankheiten.

Die Krankheiten der Verdauungsorgane stehen nach Fischers Statistik in den meisten Chromatfabriken niedrig, in A. jedoch meist auffallend hoch. Sie schwanken aber dort in aufeinanderfolgenden Jahren von 32,0—9,6, so daß ich die Beweiskraft von Einzelzahlen nicht allzu hoch anschlagen möchte; der Gesamteindruck ist aber absolut eindeutig, man mag die Zahlen deuten, wie man will. Niemand, der an der Statistik mitarbeitete, hatte das geringste Interesse an diesem schlechten Resultat.

g) Niere.

Über Nierenerkrankungen im speziellen ist nirgends eine tatsächliche Beobachtung niedergelegt, dagegen findet sich bei Wutzdorff die Mitteilung, daß weder in der Ida- noch in der Marienhütte noch in Griesheim Eiweiß oder Zucker im Harn der Arbeiter gefunden wurde. Burghart berichtet, daß Oberstabsarzt Dr. Kanzow einzelne Arbeiter den Eindruck chromatischer Nierenkrankheit machten. Tatsächliches weiß er nicht zu berichten; in 2 Fabriken soll je ein Fall von Nierenkrankheit vorgekommen sein. Auch Lewins alarmierender Artikel[1] bringt in der Frage keine tatsächlichen Beobachtungen. Hermanni hat Nierenerkrankungen nicht gesehen, auch nicht methodisch darauf untersucht.

Über Nierenerkrankungen äußert Fischer, daß in den 6 Chromatfabriken seiner Statistik in 6 Jahren nur 2 Nierenerkrankungen vor-

---

[1] L. Lewin: Chemiker-Zeitung 1907. 1076.

kamen; bei der einen sei es sehr zweifelhaft, ob es überhaupt eine Nierenkrankheit war (!), bei der anderen soll der Zusammenhang mit der Chrombeschäftigung zweifelhaft sein. Sämtliche Fabrikärzte verneinen das Vorkommen von Nierenerkrankungen als charakteristische Chromkrankheit. In einer Fabrik wurden 60 Arbeiter vom Fabrikarzt mehrfach untersucht, bei keinem auch nur eine Spur von Eiweiß im Harn gefunden.

h) Allgemeinerkrankung.

Die älteren Arbeiten weisen gar nichts von Allgemeinerkrankungen auf. Besonders bestreiten Delpech und Hillairet ausdrücklich, daß Allgemeinerkrankungen bestehen, daß etwa die Ulzerationen zu Allgemeinerkrankungen führen können, oder daß die Nasenentzündung ein Symptom der Allgemeinerkrankung sei. Das öfters beobachtete Kopfweh kann man meist ganz ungezwungen durch Nasen- bzw. Nebenhöhlenreizung erklären (vgl. Lehmann, Saito u. Madjima's Selbsterfahrungen, Arch. Hyg., Bd. 75, 160). Auch der Wutzdorffsche Bericht weiß von allgemeinen Störungen durch Chromat außerordentlich wenig zu berichten. Das Aussehen soll im allgemeinen gut, in der Ida- und Marienhütte meist sogar blühend gewesen sein. Ein Todesfall, 1886, infolge von chronischer Verdauungsstörung, Blutarmut und Entkräftung könnte möglicherweise mit der Aufnahme von Chromat in den Körper zusammengehangen haben. Es könnte aber auch ein Magenkarzinom oder dergl. dahinterstecken wie bei so manchem Fall von „Altersschwäche", „Entkräftung" usw. In Griesheim wurde Wutzdorff ein Fall erzählt, daß vor Jahren ein Arbeiter neben Gaumen- und Rachengeschwüren Allgemeinerscheinungen, Durchfälle, Lungenkatarrh gezeigt habe. Einen Diabetesfall kann Wutzdorff nicht sicher auf Chromat beziehen.

Burgharts in Berlin vorgestellter Arbeiter mit großer Chromatnasenperforation, Husten, Auswurf, Kopfweh und kachektischem Aussehen wurde von B. — obwohl die Nieren gesund waren — als allgemein durch Chrom leidend angesehen; die Möglichkeit wird nicht zu bestreiten, die Richtigkeit der Annahme sehr schwer zu beweisen sein.

Wodtke[1] fand bei seinen Zündholzarbeitern meist nur Lokalsymptome. Nur ein Fall erscheint als der chronischen Chromatvergiftung verdächtig. Bei einem abgemagerten, sehr bleichen Mann von 57 Jahren mit einer großen Durchlöcherung der Nasenscheidewand bestehen seit längerer Zeit heftige Kopfschmerzen, welche die Nachtruhe rauben, außerdem Zittern der Hände und der Zunge, Zucken der Gesichtsmuskeln und eine zitternde Sprache. Auch hier wird man nicht mehr als einen ernsten „Verdacht" aussprechen dürfen.

---

[1] Wodtke, Über Gesundheitsschädigungen in Fabriken von Sicherheitszündhölzern durch doppeltchromsaures Kali. Vierteljahrsschr. f. gerichtl. Medizin, Bd. 18, 1899.

Auch keiner der übrigen Autoren bringt etwas Bestimmtes über Allgemeinsymptome vor, wenn auch da und dort noch einmal ein kachektischer Arbeiter aus Chrombetrieben erwähnt wird.

Hermanni hat keine Chromkachexie gesehen, nur Kanzow (S. 18) will zahlreiche blasse, schlechtgenährte Chromatarbeiter gesehen haben, steht damit aber sehr allein.

Mir beweist gerade die Aufzählung der erwähnten Einzelfälle, daß dies auffallende vom Durchschnitt abweichende Vorkommnisse sind und Allgemeinvergiftungen durch Chromate zu den Seltenheiten gehören. Kobert sagt (Toxikol., Bd. 2, S. 418): ,,Eine dem chronischen Manganismus entsprechende Vergiftungsform ist bis jetzt beim Chrom nicht bekannt. Die gewöhnlichen Äußerungen des Chromismus chronicus sind die Nephritis chronica und die Rhinonecrosis chronica.'' Dazu muß ich aber bemerken: Die Rhinonecrosis ist Symptom einer lokalen subakuten bis chronischen Chromatätzung, die Nephritis chronica vollkommen einwandfrei kaum je beim Menschen nachgewiesen und jedenfalls bei Arbeitern sehr selten (s. o. und S. 88 und 116).

Allgemeine Vergiftungserscheinungen, Erkrankungen des Zirkulationssystems und des Nervensystems hat auch Fischers Statistik keine oder nur ganz wenige aufweisen können.

Die Zahl aller inneren Erkrankungen beträgt auf 100 Arbeiter in den 7 Fabriken Fischers 16,3; 18,1; 25,1; 28,1; 30,7; 34,2; 72,3 %, somit im Durchschnitt 32,1. Für den einzelnen Krankheitsfall kommen 11,0; 11,0; 14,2; 14,9; 14,9; 16,9; 30,4 Krankheitstage, im Durchschnitt also 16,2 Krankheitstage oder auf 100 Arbeiter 589,7 Krankheitstage. Dies sind unauffällige Zahlen, wenn das ungünstigste Werk wegbleibt, sogar günstige.

Fischer hat schließlich für alle inneren Erkrankungen in der oft zum Vergleich herangezogenen großen chemischen Fabrik A die Zahl und daneben die Anzahl der Krankheitstage berechnet, und da findet er allerdings, daß die Chromatarbeiter an zweitletzter Stelle stehen, nur noch bei den Anilinarbeitern liegen ungünstigere Zahlen vor. Für die einzelnen Betriebe kommen folgende Zahlen in Betracht:

Auf 100 Vollarbeiter treffen	Krankheitsfälle	Krankheitstage	Dauer jed. Falles Tage
Verlader usw.	35,1	535,4	15,2
Schlosser usw.	36,4	558,9	15,2
Schwefelsäure	38,2	584,6	15,3
Chlorprodukte usw.	41,9	646,8	15,4
Ätzkali usw.	41,9	683,0	16,3
Salpetersäure	48,2	839,7	17,4
Salzsäure und Sulfat	53,6	824,4	15,3
Chromate	62,8	887,7	14,1
Anilin	74,1	1027,5	13,8

Von diesen Durchschnittszahlen entfernen sich jedoch die einzelnen Jahre in unglaublicher Weise, so daß der Wert dieser Statistik in einem eigentümlichen Licht erscheint. So hat z. B. das Jahr 1901/02 für die Chromatarbeiter nur 29 Krankheitsfälle auf 100 Arbeiter gegeben mit 328 Krankheitstagen, das Jahr 1900/01 75 Krankheitsfälle mit 1005 Krankheitstagen, 1908/09 73,5 Krankheitsfälle mit 1290 Krankheitstagen.

Ähnliche Schwankungen finden sich aber auch bei den anderen 8 Arbeiterkategorien. Es sind aber die ungünstigsten Jahre nicht für alle Kategorien die gleichen, was zu bedeuten scheint, daß kleine Epidemien und dergl. die Zahlen stark beeinflussen. Daneben scheint starker Arbeiterwechsel, die Einstellung unerfahrener Arbeiter die Ziffern zu steigern.

Ich kann aus dieser so sehr ungünstig erscheinenden Statistik vorerst nur entnehmen, daß leichte Erkrankungen — offenbar meist Magen- und Respirationserkrankungen — bei den Chromatarbeitern der Fabrik A relativ sehr häufig sind, ohne daß dadurch das Allgemeinbefinden, die Konstitution in der Regel beeinflußt wird, und ohne daß diese Verhältnisse in anderen Chromatfabriken ebenso sind (vgl. Absch. III).

Anhang:

Einige Bemerkungen zur gewerbepathologischen Literatur über die Chromatgerber.

Fischer hat auch zahlreiche Berufe, welche durch Verwendung von Chromaten erkranken können, auf den Grad ihrer Schädigung untersucht. Ich konnte allein die Zweibadchromatgerber selbst studieren und berücksichtige deswegen hier nur sie.

Eine übersichtliche Tabelle von Fischer, die über die Krankheitsfälle in einer großen Chromatgerberei nach dem Zweibadverfahren Auskunft gibt, liefert Material, um die 3236 gesamten Arbeiter der Gerberei mit den 275 Chromatgerbern zu vergleichen. Der Gesundheitszustand ist ein sehr günstiger; auf 100 Arbeiter kommen im Gesamtbetrieb 8,4, im Chromatbetrieb 8,0 Erkrankungen mit 151,9 bzw. 128,4 Krankheitstagen — also auf den Mann nur 1,5 bzw. 1,3 Krankheitstage.

Im Chromatbetrieb ist die Zahl der Krankheitsfälle und Krankheitstage erheblich größer bei den „Abszessen", „Furunkeln", „Karbunkeln" und „Ekzemen", aber nicht unerheblich kleiner bei den „Geschwüren".— Eiterungen und Entzündungen sind gleich. Die anderen Arbeiter haben mehr Milzbrand. Von Nierenleiden wird bei den Chromatarbeitern nichts berichtet, über Lungenerkrankungen fehlen bei beiden Arbeitergruppen die Angaben. Jedenfalls stehen die Chromatarbeiter eher günstiger wie ungünstiger da als die übrigen!

Von 2 anderen Chromatgerbereien gibt die eine 37,7 Krankheitsfälle auf 100 Arbeiter mit 731,9 Krankheitstagen, die andere 2,4 Krankheitsfälle und 40,3 Krankheitstage auf 100 Arbeiter an; also auch wieder unerhörte Differenzen, welche nur entweder durch absolut verschiedene

Sorgfalt auf die Arbeiter oder durch ganz verschiedene Beurteilung
und Registrierung der Erkrankungen erklärt werden können. Da ich
die Arbeiter der ersten großen Fabrik persönlich untersuchen konnte,
so muß ich sagen, daß sie jedenfalls durch Chromate nicht geschädigt
waren (s. u. S. 106).

5. Erfahrungen am Menschen
über die quantitative Giftigkeit der Chromate in kleinen Dosen und bei wiederholter Aufnahme.

In der Literatur sind sehr zahlreiche Fälle von Vergiftungen von
Menschen durch Chromate berichtet. Kobert hat als Anhang zur
Arbeit von Pander 43 bis zum Jahre 1888 gesammelte Fälle zusammen-
gestellt. Seitdem ist wieder eine große weitere Zahl von Unglücksfällen
auf die Einfuhr von mehr oder weniger genau bekannten Chromatmengen
zurückzuführen[1]). Alle diese Fälle lehren immer aufs neue, daß das Verschlucken von einigen Dezigramm Kaliumbichromat Magen- und Darm-
erscheinungen und Kollaps hervorbringen kann. Jaillard berichtet
schwere Zustände nach 0,12 g, schon 0,05—0,06 g machen erhebliche
Magenstörungen. Pirogoff und Zablotzky fanden 30 mg Bichromat
als die höchste ohne Wirkung von manchen Menschen zu ertragende
Dosis; größere Dosen machen Beängstigung, Herzschmerzen, Trockenheit im Munde, Übelkeit; 0,12 g heftige Magenentzündung und Durchfall[2]).

In anderen Fällen sollen 7, 15, ja 60 Gramm Kaliumbichromat
getrunken worden sein, ohne das Leben oder die Gesundheit ernsthaft
zu gefährden. Von anderen ätzenden Giften kennen wir ähnliche
Schwankungen. Füllungszustand des Magens, Intensität des Erbrechens
usw. sind von gewaltigem Einfluß auf den Verlauf.

Zwischen diesen extremen Fällen liegen solche in der Mitte, in denen
Dosen um ein Gramm herum vom Magen aus bald schwere, bald leichte
Erscheinungen hervorgebracht hatten, die niedrigste tödliche Dosis ist
etwa auf 0,2—0,5 g Kaliumbichromat zu schätzen.

Alle diese akuten Fälle haben gar keine Beziehung zur Gewerbehygiene. Es ist nicht ein einziges Mal in einem Chromatbetrieb
auch nur die Andeutung einer ernsten akuten Chromatvergiftung durch
ein mit der Arbeit in Zusammenhang stehendes Verschlucken

---

[1]) Burghart hat 1898 37 Fälle von Chromvergiftungen ganz kurz zusammen-
gestellt, natürlich viele identisch mit denen Koberts. Die Münchner med. Wochen-
schrift bietet teils im Original, teils im Referat 6 neue akute Fälle von H. v. Bayer
(1901, Nr. 31, S. 1245), Kronheimer (1902, S. 903,) Rößle (1903, 1001), Lohr
(1904, S. 1312) und Mucha und Zdarek (1907, S. 1841), ohne daß aus ihnen etwas
für unsere Zwecke prinzipiell neues Wichtiges folgte. Vgl. auch F. Heitz, Friedreichs
Blätter für ger. Med., Bd. 53, 1902.

[2]) Vgl. Pelikan, Beiträge zur gerichtl. Medizin, Toxik. und Pharmak.
Würzburg 1858.

von Chromat beobachtet worden, jedenfalls fehlt mir jede Nachricht darüber.

Wichtiger für die Fabrikhygiene scheinen Fälle zu sein, bei denen auf äußerliche Anwendung von Chromsäure und Chromaten eine Allgemeinwirkung beobachtet wurde — in der Vermutung, daß Chromatgeschwüre, nachdem sie einmal entstanden sind, die Chromataufnahme begünstigen. Ausschließen möchte ich dabei alle Fälle von Ätzung in Mund (Tisne), und Nase (Schwanebach), weil dabei leicht Teile des Ätzmittels verschluckt werden können. (Nachgewiesen im Falle von Walter Fowler (Internat. Zentralbl. für Laryng. und Rhin. 1890, Nr. 8, 394).

Beweisender scheinen die Erfahrungen, in denen es sich um Ätzung eines Uteruskarzinoms (Betz, Schmidts Jahrb. 1896, Bd. 149, S. 126), eines Karzinoms der Brust (Bruck, Pester med. Wochenschr. 1877, Nr. 7) oder der Portio handelt, oder wo gar Ätzungen von Warzen, Kondylomen und anderen kleinen Hautaffektionen Allgemeinstörungen machten. Doch muß ich sagen, daß ich keine Analogien aus der Fabrikpraxis gefunden habe, keinen Fall, wo Chromatgeschwüre bei der weiteren Arbeit Chromatvergiftungen vermittelten.

Rousseau[1]) hat übrigens gar keine unangenehmen Nebenwirkungen bei vielen Ätzungen im Mund mit möglichst reiner Chromsäure gesehen. Er beschreibt 5 eigene, darunter eine wiederholte energische. Er behauptet, daß Schwefelsäure oder Arsenikgehalt der Chromsäure schädlich ist, daß aber vorsichtige Anwendung die Hauptbedingung des Erfolgs ist. Er erzählt auch viel von den durchweg günstigen Erfolgen anderer Autoren mit äußerlicher Chromsäurebehandlung.

Viron, der 1885 die Rousseauschen Studien fortsetzte (Thèse de Paris 1885), gibt auch eine große Übersicht über die bisherige Anwendung der Chromsäure in der Therapie. Besonders berichtet er von sehr befriedigenden Heilerfolgen von Dr. Frederique gegen Schleimpolypen der Nase, die täglich mit einem Pinsel mit gesättigter Bichromatlösung getupft wurde.

Von einer Chromataufnahme durch die unverletzte Haut brauchen wir nicht weiter zu sprechen. Die Tatsache, daß bei Menschen mit Schweißfüßen ein mehrfaches Bestreichen mit 5 % Chromsäure eine leichte allgemeine Chromvergiftung hervorgebracht hat[2]), ist in keiner Weise als Beweis für Chromataufnahme durch die unverletzte Haut brauchbar. Schweißfüße haben eine sehr schlecht verhornte Epidermis, und Chromsäure muß leichter eindringen als Chromate. Die Chromatherstellung gibt aber keine Gelegenheit zur Chromsäurewirkung, und in der Gerberei sind die angesäuerten Chromatlösungen wohl chromsäurehaltig, man greift aber nur vorübergehend und meist mit Handschuhen und gefetteter Haut hinein und läßt jedenfalls nicht Chromsäurelösungen einige Zeit auf der Haut eintrocknen.

---

[1]) Rousseau, Contribution à l'étude de l'acide chromique, des chromats et de quelques composés du chrome. Thèse de Paris 1878.
[2]) Zuerst empfohlen von Cumin.

Schließlich muß noch bemerkt werden, daß selbst die Chromsäuretherapie des Fußschweißes offenbar nur in seltenen Ausnahmefällen Allgemeinsymptome macht — etwa wie Kalomel gelegentlich sublimatartig wirkt und Zinksalbe Hautentzündungen macht, ein leichtter Jodanstrich Jodismus hervorbringt usw.

Es heißt in dem Erlaß des preußischen Kriegsministers[1]), der Vorsicht bei der Verwendung von Chromsäurelösungen bei der Fußschweißbehandlung empfiehlt, daß ihm ein Fall aus bürgerlichen Kreisen zur Kenntnis gebracht worden sei, in dem auf Anwendung der Chromsäurelösung erst starke Entzündung der bestrichenen Haut und dann Allgemeinsymptome einer Chromvergiftung beobachtet seien. Ich habe nirgends in der medizinischen Literatur solche Vergiftungen nach Chromsäureeinpinseln beschrieben gefunden. Es ist also unzulässig, diese Erfahrungen zu verallgemeinern und zur Übertreibung der Gefährlichkeit des Hantierens mit Chromatlösungen zu verwenden.

Über Wirkung chronischer Chromatzufuhr beim Menschen nach Aufnahme bekannter Dosen enthält die Literatur viel Material, namentlich durch die Güntzsche Chromwasserbehandlung der Syphilis[2]). Tatsache ist, daß die Kranken 15—20 mg Kaliumbichromat täglich in verdünnter Lösung ohne Schaden vertragen haben, daß dagegen 30 mg schon gleich in den ersten Tagen Beängstigung und Schmerz in der Herzgrube sowie Trockenheit im Munde und zeitweises Erbrechen hervorgebracht haben, welche Symptome nach Aussetzen des Mittels bald wieder schwanden. Goßmann, der das Bichromat in Pillen gab (1872), sah öfters schon von 2 mal 7 mg Bichromat, im Laufe eines Tages gegeben (als Pillen), in einigen Tagen Magen- und Darmbeschwerden; doch führte er 4 Behandlungen von Lues mit täglich 2 mal 7 mg und 3 mit täglich 2 mal 14 mg trotz dazwischen auftretenden Erbrechens, etwas Leibschmerzen usw. 6 Wochen lang durch, wobei er das Mittel dann und wann 1—2 Tage aussetzte oder durch Opiumzugabe die Magenwirkung milderte. Die Wirkung auf die syphilitischen Lokalaffektionen war günstig. Die Kranken schienen so geheilt zu sein wie nach einer Quecksilberkur, obwohl sie weder mit Quecksilberpräparaten noch mit Quecksilberdämpfen in Berührung kamen. Von bleibenden Chromschädigungen weiß er nichts.

Bonnefoux[3]) hat 1866 über Syphilisbehandlung in Frankreich Angaben gemacht, aus denen namentlich hervorgeht, daß in Pillenform 10—20 mg Bichromat schon deutlich Magendarmstörungen hervor-

------

[1]) Vgl. Wutzdorff, Arb. a. d. kais. Gesundheitsamt 1897, S. 333.

[2]) I. E. Güntz, Die Syphilisbehandlung ohne Quecksilber. Berlin 1852. — Die Chromwasserbehandlung der Syphilis. Leipzig 1883. Wiener med. Presse 1883, Nr. 36—37, Memorabilien XXX, 1885, S. 73.

Der Erfinder der Chromatbehandlung der Syphilis ist der Franzose Eduard Robin 1851.

Goßmann (Diss., München 1872), Über die Behandlung der Syphilis ohne Quecksilber, spez. mit Kali bichrom.

[3]) Baron de Bonnefoux, Du bichromate de potasse. Thèse de Paris 1866.

bringen, während man 50—80 mg täglich meist ganz gut geben kann, wenn man mit kleineren Dosen anfängt, das Präparat in Mohnsirup gelöst und auf mehrere Dosen verteilt vor den Mahlzeiten einverleibt. Von 10 in dieser Weise behandelten Fällen genasen alle nach einer ungefähr 6 wöchentlichen Behandlungsdauer, ohne daß Magenstörungen eintraten.

Jedenfalls war bei der Quecksilberbehandlung das Allgemeinbefinden entschieden schlechter. Die fleißige Arbeit zählt auch noch 43 andere Fälle aus der Literatur auf, in denen von keinen nennenswerten Störungen durch die Chromtherapie gesprochen werden kann.

Vulpian (wie es scheint der bedeutende Physiologe) hat Bichromat als Hilfsmittel gegen Tabes und Dyspepsie (!) empfohlen. Viron[1] teilt aus Vulpians Originalpublikation, deren Ort er nicht angibt, folgende 2 interessante Fälle mit. Der erste Fall, eine 30jährige Frau, die mit dem Verdacht auf Magenkarzinom in das Spital eintrat, und die einen kastaniengroßen verschieblichen Tumor in der Magengegend darbot (Gallenblase oder Neoplasma), erhielt neben Lokalbehandlung 2 Pillen mit je 10 mg Bichromat, eine nach dem Frühstück, eine nach dem Mittagessen; nach 3 Tagen bekommt sie 4, nach drei weiteren Tagen 6 Pillen, und zwar wird diese Behandlung 2 Monate fortgesetzt. Die Behandlung schlägt vortrefflich an. Die Patientin, die seit einem Jahr alle 8 Tage gebrochen hatte, hat niemals mehr gebrochen, der Appetit kehrt zurück usw. Nach diesen Angaben hätte die Frau also 3,42 g Kaliumbichromat nicht nur ohne Schaden, sondern mit Nutzen eingenommen. Nach dem Aussetzen der Behandlung wird der Zustand wieder etwas schlechter, so daß ihr aufs neue die Pillen empfohlen werden, worüber aber keine Berichte vorliegen.

In einem anderen Fall wird die gleiche Behandlung wieder 2 Monate durchgeführt unter wesentlicher Besserung. Das Erbrechen unterbleibt, die Kräfte nehmen zu, der kachektische Zustand verliert sich. Die Frau bekam im Spital einen Gelenkrheumatismus, verläßt das Spital, tritt nach einem Monat wieder mit Magenleiden ein. Die Chrombehandlung wird jetzt wieder einige Wochen fortgeführt, und es zeigt sich wieder eine wesentliche Besserung des Magenzustandes[2].

Daß ein dreistes Steigern der Chromatgaben ernste Gefahren hervorbringen kann, beweist folgender Fall von Jaillard, den ich Bernasconi[3] entnehme. Der Patient Dallac nimmt wegen Syphilis und bei sonst guter Gesundheit 10—50 mg Chromat während 20 Tagen in aufsteigender Dosis. Vom dritten Tage an hat er Appetitlosigkeit, Übelkeit ohne Erbrechen, mittelmäßige Kolikschmerzen und ein wenig Diarrhöe. Nach

---

[1] Viron, Thèse de Paris 1885.

[2] Weitere Empfehlungen des Chromates als Stomachikum bei Fraser, Lancet 1894, 14. April. — Bradburg und Fraser, Wiener med. Presse 1895. Nr. 45.

[3] Bernasconi, Des effets toxiques du bichromate de potasse. Thèse de Lyon 1883. Die Arbeit bringt 14 akute Vergiftungsfälle aus der Literatur, die 2 neuen sind bei Kobert-Pander berücksichtigt.

3 Tagen Pause beginnt er mit dem Einnehmen von 60 mg und nahm gegen die Vorschrift 120 mg (ist nicht gesagt in welcher Form). Er bekam heftiges Würgen und Erbrechen, die Körperoberfläche wurde kalt, das Gesicht blaß, es traten plötzliche vorübergehende Krämpfe in den unteren Extremitäten auf. Der Puls war sehr klein, langsam, die Atmung etwas gehemmt; gegen Abend verschwanden die Vergiftungssymptome.

Während ich mit Niederschrift dieser Arbeit beschäftigt war, bekam ich von einem früheren Medizin-Studierenden Herrn Hans Kellerhals eine Broschüre von Leo Daphner zugeschickt: „Kaliumbichromat, ein vergessenes Heilmittel der Syphilis", gedruckt in München 1908.

Diese Arbeit empfiehlt ungefähr die gleichen Dosen wie Güntz seinerzeit, doch scheinen eher kleinere als größere Dosen wie früher angewendet zu werden. 15—20 mg, für Empfindliche auch weniger, soll die rechte Tagesdosis sein, und zwar muß das Chromat etwa auf 5 Dosen täglich verteilt werden. Daß 10 mg Bichromat auf einmal genommen im Magen unangenehm wirken, gibt der Verfasser ausdrücklich zu.

Es stimmen somit alle Autoren über die lokale Wirkung kleiner verschluckter Chromatdosen überein, und es ist nicht zu bezweifeln, daß in Fabriken durch Leichtsinn der Arbeiter (Essen bei der Arbeit trotz Verbot) oder durch das Zusammentreffen widriger Umstände gelegentlich Chromatmengen um 30 mg aufgenommen und Verdauungsstörungen erzeugt werden können, wie sie die Statistik (S. 28) nachweist.

Daß diese Dosen aber leicht ein chronisches Siechtum, eine chronische Chromatvergiftung hervorbringen könnten, ist nach den Menschenerfahrungen, die ich hier objektiv mitgeteilt habe, mindestens unwahrscheinlich. Und wenn Kobert und noch mehr Lewin anzunehmen scheinen, daß Schrumpfnieren bei Menschen infolge der wiederholten Zufuhr kleiner Chromatdosen aufgetreten sein können oder gar leicht auftreten, so fehlt doch dafür vorläufig jeder Beweis. Ich konstatiere, daß nicht ein einziges Mal bisher am Menschen bei längerer Zufuhr kleiner bekannter Chromatdosen etwas von einer Nierenstörung beobachtet worden ist, was natürlich nicht besagt, daß nicht doch das eine oder andere Mal eine solche aufgetreten sei. Die Stelle bei Kobert-Pander, Seite 37, lautet: „Es ist begründeter Verdacht vorhanden, daß viele Patienten bei der Güntzschen Chromwasserbehandlung nach Jahr und Tag an derartigen Nephritiden zugrunde gehen. Das Blut ist oft schokoladefarben, dunkel, flüssig, zeigt das Methämoglobinspektrum, bei langsam verlaufender Vergiftung sind deutliche Veränderungen der Blutkörperchen gefunden worden."

Der zweite Satz dieser Stelle ist wohl nur durch irgendein Versehen hierher gelangt, er kann sich nur auf akute Vergiftungen beziehen.

6. Die bisherigen chronischen Tierversuche und ihre Bedeutung für die Gewerbehygiene.

Es sind schon sehr viele Tierversuche über akute Chromatwirkung gemacht worden, aber die meisten haben nur ein rein toxikologisches Interesse, indem bei ihnen so große Chromatmengen innerlich oder gar subkutan[1]) oder intravenös gegeben worden sind, daß schwere Störungen sofort oder in kurzer Zeit resultierten. Diese Wirkungen hier ausführlich nach der Literatur wieder aufzuzählen, kann füglich unterbleiben[2]). Sie lehren für unsere Zwecke nicht mehr als die eben erwähnten Menschenerfahrungen, sondern weniger, weil man doch nie quantitativ vom Tier auf den Menschen schließen darf, und wir beim Chromat besonders gut über die Wirkung der besonders wichtigen kleinen Dosen auf den Menschen unterrichtet sind.

Ziemlich spärlich ist das Material über die chronische Vergiftung. Ich beschränke mich auf die Wiedergabe der Versuchsreihen, die chronische Vergiftungen durch Fütterung erzeugten, und übergehe die, bei denen die chronische Vergiftung durch subkutane Injektion erzielt wurde[3]). Denn wenn ein Arbeiter auch einmal durch Nachlässigkeit ein Geschwür an den Händen mit Chromat verunreinigte, so daß eine direkte Resorption von einigen mg Chromat stattfindet, wird er dies doch äußerst selten wiederholen, da eine derartige Ätzung immer schmerzhaft empfunden wird und die Heilung aufhält, er also das größte Interesse hat, sein Geschwür durch Verbinden rein zu halten und sich Schmerzen zu ersparen. Übrigens habe ich S. 34 Beweismaterial dafür gebracht, daß die üblichen Chromatätzungen in der großen Mehrzahl der Fälle ganz ohne Allgemeinwirkung verlaufen. Im folgenden wird aber nur von Chromat die Rede sein, bzw. bei angesäuerten Lösungen von der Wirkung verdünnter Chromsäurelösungen. Die feste Chromsäure — ein furchtbares Ätzmittel — habe ich nur nebenbei gestreift.

Viron[4]) berichtet von 2 Versuchen: Ein schwangeres Meerschweinchen bekommt 10 Tage hintereinander 5 mg neutrales chromsaures Kalium ohne merkliche Störung; als man es tötet, findet man die Jungen tot im Uterus.

---

[1]) Fabrikhygienisches Interesse hat, daß u. a. Gergens 1876 zeigte, daß man von Wundflächen aus parenchymatöse Nephritis am Tier erzeugen kann (Schmiedeberg, Pharmakologie, S. 192). (Arch. f. exp. Path., Bd. 6, 1877, S. 1148.)

[2]) Bis 1888 stellt die Ergebnisse Pander-Kobert mit sehr vielen eigenen Versuchen vermehrt zusammen, beginnend mit den grundlegenden Versuchen C. G. Gmelins vom Jahre 1824.

Seitdem ist nichts wesentlich Neues gefunden, abgesehen von der Entdeckung des Chromsäurediabetes; vgl. Kossa, Pflüg. Arch. 88, 1906, S. 627.

[3]) Inhalationsversuche mit Chromatstaub oder Chromatlösungen fehlen bisher.

[4]) Viron, Contribution à l'étude phys. et tox. de quelques préparations chromées. Thèse de Paris 1885, p. 88.

Ein Hund von 9,2 kg erhält 10 Tage lang 10 mg Kaliumbichromat — es ist leider nichts darüber gesagt, in welcher Form — ohne Schaden. Erbrechen nur einige Male. Die 28 folgenden Tage bekommt er die doppelte Menge, was allmählich Abnahme des Gewichts und Abmagerung hervorbringt. Dann bekommt er 10 Tage 30 mg. Das Tier wird traurig, schläfrig. Es erscheinen Geschwüre an der Bauchgegend, die bis dahin nur injizierten Augen werden eitrig, die hinteren Extremitäten werden steif, zeigen manchmal Krämpfe. Manchmal regt sich das Tier furchtbar auf, seine Hinterbeine verfallen dabei in Streckkrämpfe. Es atmet mit Geräusch, der Mund bedeckt sich mit Schaum. Es fällt dann auf die Seite und bleibt einige Minuten in der Seitenlage; erst nachher gewinnt es den Gebrauch seiner Sinne wieder und erkennt die rufende Stimme. Die Chromzufuhr wird abgebrochen, das Tier stirbt 10 Tage später.

Bei der Sektion enthält die Leber kein Chrom, aber im Gehirn und in der Milz wird es leicht nachgewiesen. Die Nieren sind klein, hart, geschrumpft. Der Urin enthält Zucker und Eiweiß, aber keine Spur Chrom.

Hier seien gleich Virons Erfahrungen über Fütterung mit Chromoxydsalzen mitgeteilt, die ebenfalls ganz allein stehen. (Vgl. S. 2.)

Ein Hund nahm einen Monat 30 mg, dann drei Wochen 40 mg und 10 Tage 60 mg Chromsulfat. Es traten, abgesehen von einigem Erbrechen, deutliche Symptome von Erkrankungen des Zentralnervensystems auf. Das Tier fällt beim Gehen, zeigt Hyperästhesie der Haut, besonders über der Wirbelsäule, sucht die Dunkelheit auf, hört nicht auf Rufen, stößt nachts klägliches Gebell aus. Einmal schweift es in der Stadt herum bis zur vollkommenen Erschöpfung. Fortsetzung der Behandlung bringt partielle Lähmung der Hinterbeine zustande.

Bei der Sektion fand sich Chrom in Gehirn, Leber, Nieren, Milz und im Harn.

Auch mit Chromhydroxyd, was kein Erbrechen hervorruft, wurde von Viron eine chronische Chromvergiftung erzeugt. Es bekam ein kleiner Hund einen Monat 30 mg, dann 6 Wochen 40 mg, dann 80 mg (wie lange ist nicht gesagt).

Nach dreimonatlicher Fütterung begannen Symptome der Schwäche der Hinterbeine, epileptiforme Krämpfe, Entzündungen der Augen, Hyperästhesie der Haut über der Wirbelsäule, starke Abmagerung. Das Tier will nur noch zuckerhaltige Nahrung fressen. Es muß wegen Störung der Umgebung durch sein Gebell getötet werden. Die Sektion ergibt Eiweiß und Zucker im Harn, die Nieren sind klein, blaß, geschrumpft, überall im Körper etwas Chrom zu finden.

Es ist nicht gesagt, ob das Salz in Pillen oder unter Nahrung gemischt gegeben wurde — daran, daß dies Chromvergiftungen sowohl durch Chromat als durch Chromsalz gewesen seien, ist kaum zu zweifeln.

Es wird Aufgabe besonderer Studien sein, zu ermitteln, was in diesen Fällen schuld war, daß es zur chronischen Vergiftung kam. Es liegt nahe, zu vermuten, daß die Chrompräparate nicht mit Speisen gereicht, sondern als Pillen oder Pulver verabreicht worden sind, daß sie Anätzungen des Verdauungsapparats bedingten, welche die Resorption vermehrten. Ich kenne ganz ähnliche Vergiftungsbilder bei chronischer Bleivergiftung[1]) (Aufregung, epileptiforme Krämpfe usw.), habe einige Male bei jungen Katzen bei chronischer Kupfer-fütterung epileptiforme Zustände entstehen, aber wieder vorübergehen sehen. Niemals ergaben mir meine vielen Versuche mit Zink, Zinn, Nickel und die hier mitzuteilenden mit chromsauren Salzen, obwohl ähnliche Dosen angewendet worden sind, ein derartiges Bild.

Ich selbst fütterte 1889—91 mehrfach Tiere mit Chromaten (Arch. f. Hyg. XVI, S. 315). Die meisten Versuche waren mit Bleichromat an-gestellt. Sie lieferten Erkrankungen und Todesfälle, als ob ein be-liebiges schwer lösliches Bleisalz gefüttert worden wäre. Eine junge, gegen Blei unempfindliche Ziege gedieh prächtig bei täglich 0,6 g Blei-chromat, das sie 91 Tage lang erhielt.

Mit neutralem Kaliumchromat habe ich eine Katze vom 18. IX. 89 bis 25. II. 1890 gefüttert; sie fraß fast jeden Tag 0,1—0,3 g Kaliumchromat unter Milch, brach zuweilen oder verschmähte die Nahrung. 12 g hat sie aber bei sich behalten in 127 Tagen, also im Durchschnitt 0,1 täglich. Die Sektion ergab nichts Auffallendes, das Gewicht war nur von 2930 auf 2691 gefallen, der Ernährungszustand sehr gut.

Eine Anzahl chronischer Chromatfütterungen sind ausgeführt wor-den in der speziellen Absicht, die Erkrankung der Niere dabei zu studieren. Veranlassung dazu war die Entdeckung von Gergens[2]), daß bei akuter und subkutaner Vergiftung mit Chromsäure oder Chromaten durch Injektion in die Blutgefäße oder unter die Haut leicht akute Nierenentzündungen hervorzubringen seien.

Kabierske[3]) hat diese Studien 1880 aufgenommen und stets bei subkutaner Injektion von 25—50 mg subakute und chronische Nierenentzündungen erzeugt.

Tierversuche: 5 % Lösung neutr. chroms. Kali (K_2CrO_4). Darin 0,025—0,05 ins Unterhautbindegewebe des Schenkels bei Kaninchen. Keine Intoxikationserscheinungen von Seiten des Darms, längere Lebensdauer als bei großen Dosen, bei einigen Tieren Überstehen der Intoxikation. Außerdem auch Kal. bichr. benutzt, das von allen am schnellsten wirkt, und Ammon. chrom.; Tötung der Tiere nach kurzer Zeit, bei manchen spontaner Tod. Genaue Beschreibung des histologi-schen Befundes: Coagulationsnekrose der Epithelien vor allem der Glome-ruli und Tub. contorti, dann der graden Kanälchen. Bei wiederholter Ver-giftung, die nicht zum Tod führt, Erscheinungen einer verbreiteten interstit. Wucherung mit Verbreitung der Interstitien. Bei einem Kaninchen

---

[1]) K. B. Lehmann, Arch. f. Hyg., Bd. 16, S. 347.
[2]) Gergens, Arch. f. exper. Path., Bd. 6, 1877, S. 148.
[3]) E. Kabierske, Die Chromniere, Dissertation, Breslau 1880. Weigert, Virch. Arch. 70. Vgl. auch C. Posner, Virch. Arch., Bd. 79, 1880, S. 333.

wurde mehrere Monate in unregelmäßigen Abständen neutr. chroms.
Kali (mehrere Gramm der 5proz. Lösung) per os gegeben ohne Schaden.
Kaum Eiweiß in Spuren, viel Fett im Urin. Nach ca. 3 Monaten der
Nierenbefund merkwürdig: Die interstitiellen Veränderungen gering,
die Kapselwand normal dick. In manchen Harnkanälchen lichtbrechende
Körper, krystallinische Kalksalze. Offenbar ein ziemlich normaler
Befund.

Weigert, der Kabierskes Präparate untersuchte, konstatierte,
daß bei akuten Vergiftungen die Veränderungen sich vollständig auf
die Epithelien beschränkten, und fand darin eine Bestätigung seiner Ansicht, daß auch bei der chronischen Nephritis des Menschen die Epithe-
lienveränderungen das Primäre seien. Kabierskes Resultate wurden
von Pander bestätigt (Arbeiten des Pharm. Inst. zu Dorpat, Bd. II, S. 1),
der fand, daß bei seinen Versuchen die interstitielle Infiltration
in der 2. Woche begann und ausgesprochen nach 2 Wochen war.

Fondecalde (Zieglers Beiträge 1892, XI, S. 441) machte
einige wenige Experimente mit Chromsäure an Kaninchen und Hunden,
deren längstes bloß 14 Tage dauerte. Dabei war er außerstande, irgend-
welche interstitielle Veränderungen zu finden. Ähnlich fand Burmeister
(Virch. Arch. 1894, 137, S. 405), der sich auf die akuten Stadien beschränkte, nur eine sehr bescheidene Wucherung des interstitiellen Gewebes. Er schließt sich der Ansicht von Weigert an, „daß das interstitielle Gewebe erst dann zu wachsen beginnt, wenn ihm durch Zer-
fall des Parenchyms Platz und Anregung dazu gegeben wird". Es
repariert demnach das interstitielle Gewebe Parenchymdefekte, etwa
wie bei der Narbenbildung.

Neuere Studien, die sich mehr den hygienischen Fragestellungen
anpassen, hat in Amerika Dr. Wilhelm Ophüls [1]) publiziert. In
einer ersten Arbeit 1907 berichtet er von einem Hund, dem er in $4\frac{1}{2}$ Monaten 11 g Kaliumbichromat in Milch zuführte und den er dann sezierte;
Ophüls hielt die Nierenveränderungen für durch Chrom bedingt.

Die Kapselräume vieler Glomeruli waren erweitert und mit koagu-
lierter Flüssigkeit erfüllt, manche enthielten wenig rote Blutkörperchen.
Durch die Rinde zerstreut fand sich eine große Anzahl von Herden von
Zellinfiltration von beträchtlicher Größe. Die größeren zeigten be-
trächtliche Neubildung von jungem Bindegewebe in ihrer Mitte. Die
Herde lagen alle perivaskulär, gewöhnlich nahe bei den Glomeruli.
An vielen Stellen wurden ähnliche Zellen wie in diesen Herden auch
längs der Blutgefäßschlingen der Glomeruli gefunden. Die Zellen waren
zum Teil Lymphozyten, häufig aber größere Zellen mit großen bläschen-
förmigen Kernen, die oft mehr oder weniger verdreht waren (distorted).
Zellteilungsfiguren konnten in einigen dieser Zellen gefunden werden.
Die großen Arterien waren umgeben von dicken Massen alten hyalinen
Bindegewebes, aber Endarteriitis fehlte. Die Leber zeigte einen ver-

---

[1]) W. Ophüls, Experimental chronic nephritis. Stud. from the Rockefeller
Institute, Bd. VII, 1907, S. 21.

Tabelle 14.

Hunde von Ophüls.

Tier Nr.	Gifteinverleibung [1]	Chrom zugeführt				
		total		pro Tag		
		$K_2Cr_2O_7$ in g	Cr in g	$K_2Cr_2O_7$ in mg	Cr	
Hund Nr. 31	In 3½ Wochen 4 mal subkutan injiziert	0,160	0,057	4,7	1,7	Leichte Epithelläsionen.
Hund Nr. 24	In 6 Wochen 6 mal je 20 mg subkutan injiziert	0,120	0,042	3	1,1	Epithel normal, wenige kleine Gebiete von Zellinfiltration in der Rinde.
Hund A (Sehr klein)	In 6 Wochen 18 mal 40 mg subkutan injiziert	0,720	0,257	17	5,9	Nieren normal.
Hund B (Sehr klein)	In 2 Monaten subkutan	1,040	0,35	17,3	6,1	Der Urin enthält eine schwere Eiweißwolke, viele hyaline und granulierte Epithelzylinder, wenig rote Blutkörperchen. Körnige und fettige Degeneration des Epithels, wenige kleine Gebiete mit Zellinfiltration neben den Glomeruli, in einem Schnitt ein kleines Gebiet von alter chronischer Nephritis.
Hund C (dies ist der Hund d. ersten Mitteil.)	In 4½ Monaten alle 4—5 Tage durch Fütterung	11,000	3,9	71	30,9	Etwas körnige und fettige Degeneration des Epithels, keine Zylinder, manche große Gebiete von zellularer Infiltration, Neubildung von Fasern an den gewöhnlichen Stellen.
Hund D (mittelgroß)	In 5 Monaten 3 mal wöchentlich durch Fütterung	5,5	2,04	27	9,4	Nieren gesund.
Hund E (klein)	In 9½ Monaten subkutan	7,16	2,50	25	8,8	Wenige kleine Gebiete von Zellinfiltration und beginnender Neubildung von fibrösem Gewebe.
Hund F (sehr groß)	In 15 Monaten subkutan injiziert	10,88	3,8	24	8,4	Sektion zeigt eine beträchtliche Anzahl kleiner Gebiete von Zellinfiltration um die Gefäße.
Hund G	In 10½ Monaten, teils Injektion, teils Fütterung 1—2 mal wöchentlich	12,68	4,4	40	14	Nieren makroskopisch normal, mikroskopisch keine Epithelveränderungen, manche große, vorwiegend oberflächl. Gebiete von Zellinfiltration mit Wucherung von Bindegewebe, außerdem schwache diffuse Verdickung des interstitiellen Gewebes, beginnende Nephritis. Etwas Epithelwucherungen in den aufsteigenden Schleifen. Harn mit einem dünnen Eiweißwölkchen, wenig hyaline und granulierte Zylinder.

[1] Meine Berechnung ergibt nicht ganz vollständige Übereinstimmung mit obigen Zahlen.

mehrten Fettgehalt und an einigen Stellen eine leichte Infiltration des periportalen Bindegewebes. Der Autor findet die Veränderungen durch die allerdings recht massiven Chromdosen stärker als wie an Tieren und Hunden, die ein Jahr und länger mit Bleipräparaten gefüttert wurden. Außerdem wurde erhebliche Gastritis und eine deutliche follikuläre Enteritis, aber ohne Schleimhautdefekte gefunden. Das Tier hatte öfters erbrochen (also nicht alles zugeführte Chromat resorbiert!), scheint aber sonst wohl gewesen zu sein; es wurde mit Chloroform getötet.

Fortgesetzte Studien[1]), über die er 1909 berichtete, bringen ihn aber zur Überzeugung, daß die Befunde am ersten Hund offenbar nicht das Resultat der Bichromatfütterung gewesen sind, sondern natürlichen Ursprungs. Er berichtet jetzt über eine ganze Reihe neuer Versuche, aus denen hervorgeht, wie gut meist die Zufuhr kleiner und nicht gar zu übertrieben häufig gegebener Chromatdosen von Kaninchen und Hund vertragen werden, selbst wenn subkutane Injektionen stattfinden. Diese Versuche sind mir erst nach Abschluß meiner Arbeit bekannt geworden und auf meine Versuche ohne jeden Einfluß gewesen, sie scheinen unzweifelhaft eine Gewöhnung zu beweisen.

Seine Hauptresultate siehe nebenstehende Tabelle 14.

Nach diesen Resultaten hält Ophüls die Ergebnisse an Hund C für den Ausdruck einer älteren, spontanen Erkrankung; die Erkrankungen bei Hund B und G können mit einer gewissen Wahrscheinlichkeit dem Chromat zugeschrieben werden, doch bleiben Ophüls namentlich für G Zweifel übrig. Bei den übrigen Hunden war überhaupt keine nennenswerte Veränderung zu beobachten.

Kaninchen verhielten sich noch weniger empfindlich. So erhielt:

Kaninchen Nr. 37 in 38 Wochen 0,76 g, wöchentlich 20 mg Kaliumbichromat subkutan! Sektion ergab nur sehr unbedeutende Veränderungen der Niere.

Kaninchen Nr. 7 in 38 Wochen 0,76 g, wöchentlich 20 mg Kaliumbichromat subkutan. Starb an Pleuritis, Nieren zeigen nur unbedeutende Veränderungen.

Bei Kaninchen Nr. 52 und 48 war die Injektion von 3 mg zweimal die Woche während 5 oder 5½ Monaten auf die Niere ohne jede Wirkung.

Drei andere Tiere waren empfindlicher. Nr. 47 bekam 5 Wochen lang wöchentlich 10 mg subkutan, starb an einer Bronchopneumonie und zeigte sehr schwere parenchymatöse hämorrhagische Nephritis mit beginnender Wucherung des interstitiellen Gewebes.

Ähnlich verhielt sich Kaninchen Nr. 44, das 8 Wochen lang wöchentlich 20 mg subkutan, und Kaninchen Nr. 45, das 8 Wochen lang 20 mg wöchentlich subkutan erhalten hatte.

---

[1]) W. Ophüls, Some interesting points in regard to Experimental chronic Nephritis. Stud. from the Rockefeller Institute, Bd. IX, 1909.

Eigene Beobachtungen und Versuche an Tieren.

1. Vorwort.

Die Grundfragen, deren Lösung ich bei meinen eigenen Beobachtungen erstrebte, waren die folgenden:

1. Welche Wirkungen sind durch 1½—2 jährige Fütterung kleiner Chromatdosen an verschiedenen Tieren erreichbar?

2. Lassen sich an Tieren Nasenaffektionen (Geschwüre, Perforation) durch chronische Inhalation kleiner Chromatmengen hervorbringen?

3. Welche Lokalwirkungen der Chromate lassen sich an Arbeitern in Chromatfabriken oder Chromatgerbereien heute noch feststellen?

4. Insbesondere: Treten außer Lokalwirkungen noch Allgemeinwirkungen speziell auf die Niere bei den Arbeitern auf?

2. Methoden der Chromatbestimmung.

Die intensive Farbe angesäuerter Chromatlösungen ist für eine kolorimetrische Bestimmung des Chroms in reinen Lösungen sehr günstig. Die Bestimmungen werden recht genau.

Bei größeren Mengen ist ein Titrieren bequem: Chrom reagiert mit JK nach der Gleichung

$$K_2Cr_2O_7 + 6\,KJ + 7\,H_2SO_4 = 4\,K_2SO_4 + Cr_2(SO_4)_3 + 3\,J_2 + 7\,H_2O.$$

Also 1 Atom Chrom = 3 Atome Jod, oder 1 mg Chrom $= \dfrac{3}{5,2}$

$= 0{,}576$ ccm $^1/_{10}$ Normaljodlösung.

Ich nehme rund 0,6 $^1/_{10}$ Normaljodlösung = 1 mg Chrom.

Eine Reihe reiner Chromatlösungen ließ sich sehr gut so titrieren; Mengen unter 0,5 mg geben ein wenig zu hohe Resultate, offenbar weil von der relativ starken Thiosulfatlösung eben doch ein minimaler Überschuß zugesetzt werden muß.

Angewendet:	gefunden
0,05	0,08
0,1	0,15
0,2	0,25
0,4	0,50
0,6	0,66
0,7	0,75
1,0	1,0
5,0	5,0
10,0	10,0

Also sind die kleinsten Werte eine Spur zu hoch gefunden.

a) Methode zur Bestimmung des Chroms im Harn.

Die Harne wurden unter Zugabe von Soda eingedampft und verkohlt. Die mit Wasser ausgezogene Kohle wurde weiter verbrannt, der Rest mit Soda und Salpeter geschmolzen, die Schmelze erst in Wasser, dann in verdünnter heißer H_2SO_4 gelöst und mit dem Kohlenauszug vereinigt, sauer gemacht, mit Alkohol gekocht und das Chrom in Chromsulfat verwandelt. Dann wurde mit NH_3 alkalisiert und H_2S eine Stunde eingeleitet, der Niederschlag abfiltriert, mit Soda und Salpeter geschmolzen, die Schmelze in heißem Wasser und H_2SO_4 gelöst.

Hierauf wurde die Lösung mit KOH alkalisch gemacht und mit H_2O_2 oxydiert und eingedampft bis zur Trockne. In dem wäßrigen filtrierten Auszug läßt sich das Chrom jetzt entweder kolorimetrisch oder titrimetrisch bestimmen.

Es wurde zu je 500 Harn gegeben:

1 mg Chrom	= gefunden	0,95	
3 mg ,, ...	= ,,	3,00	Bestimmung
5 mg ,, ...	= ,,	5,00	kolorimetrisch.
5 mg + 10 mg Eisen .	= ,,	4,5	

Verschiedene andere Methoden der Chrombestimmung ergaben schlechtere Resultate, namentlich war nach Reduktion der Chromsäure zu Chromsulfat eine Ausfällung des Chroms als Chromhydroxyd nicht ersprießlich. Auch die Anwendung der Silberchromatfärbung zur Erkennung kleinster Chrommengen blieb praktisch unmöglich, weil immer Chloride in größerer Menge vorhanden waren. Es genügt aber auch die eben beschriebene Methode vollständig für den Zweck. Es war nach derselben möglich, etwa acht Harne binnen zwei Tagen quantitativ auf Chrom zu untersuchen.

b) Methode zur Bestimmung des Chroms in Tierorganen.

Die Tierorgane werden folgendermaßen auf Chrom untersucht: Womöglich 50 g, sonst das ganze Organ, wurden im zerschnittenen Zustand mit 20 ccm starker Salpetersäure befeuchtet und auf der Flamme unter beständigem Rühren zur Trockne gebracht, verkohlt, und

binnen etwa drei Stunden verascht. Wenn die Veraschung keinen Fortschritt mehr macht, werden die Kohlenreste mit heißem Wasser ausgezogen, wobei größere Brocken vorher zerdrückt werden. Es wurde
filtriert und der Filterrückstand mit Soda und Salpeter geschmolzen,
mit heißem Wasser ausgezogen, der farblose Rückstand entfernt, das
Filtrat mit dem ersten Filtrat vereinigt, mit Wasserstoffsuperoxyd versetzt und fast zur Trockne gedampft. Nun wurde in wenig Wasser aufgenommen, filtriert und kolorimetrisch das Chrom bestimmt. Wir über-
zeugten uns immer, daß die Chromlösung zum Schlusse von Eisen frei
war.

Das Eisen bringt in einzelnen Fällen Schwierigkeit in die Analyse.
Ist nämlich die Asche eisenreich (Blut), so wird beim Schmelzen mit
Soda und Salpeter nicht alles Chrom in wasserlöslicher Form erhalten;
vielmehr hält der Niederschlag von Eisenoxyd kleinere Chrommengen zurück. Durch 1—2 malige Wiederholung der Schmelze des
eisenhaltigen Filterrückstandes mit Soda und Salpeter erhält man
schließlich chromfreie Rückstände und kann mit dem Ausziehen aufhören.

In anderen Fällen bringt das Eisen dadurch Komplikationen,
daß der Wasserauszug der ersten Schmelze noch etwas eisenhaltig ist.
Längeres Kochen mit Wasserstoffsuperoxyd und Natronlauge und
Stehenlassen der erkalteten Lösung läßt das Eisen abscheiden, das
wir abfiltrierten und in der Regel auch noch einmal mit Soda und
Salpeter schmolzen, um einen etwaigen Chromgehalt zu entfernen.

Mit Vorliebe wurden die vielen kleinen, getrennt bestimmten
Chrommengen aus den einzelnen Analysen zusammengegossen und vereinigt, titrimetrisch mit Jodkalium und Hyposulfit bestimmt. Wir
hatten die Freude, eine sehr gute Übereinstimmung der addierten einzelnen Chromzahlen und der Bestimmung des vereinigten Chroms zu
finden.

c) 2 Versuche, zugeführtes Chrom in den Ausscheidungen eines Hundes wiederzufinden.

Um ein Urteil darüber zu gewinnen, wie vollständig zugeführtes
Chrom wieder zu finden ist, wurden folgende 2 Versuche an dem Kontrollhund Nr. 131 ausgeführt.

Er erhält am 20. April 20 mg Chrom als Bichromat. Es wird
3 Tage lang Harn und Kot gesammelt. In den 350 ccm Harn waren
1,8, in 68 g Kot (halbhart) 17,0, in Summa 18,8 mg Chrom. 6% Verlust.

Dann bekam er am 3. Mai 1910 wieder 20 mg Chrom als Bichromat.
Harn und Kot wurde 3 Tage lang gesammelt. Harn 650 ccm 1,75 mg
Chrom, Kot 64 g 16,75 g, Summa 18,5 mg Chrom. 7,5% Verlust.

3. Eigene Tierfütterungsversuche mit kleinen Chromatdosen während langer Zeit.

Vom Dezember 1909 ab wurde eine größere Anzahl Tiere mit Natriummonochromat bzw. Natriumbichromat gefüttert. Die verabreichten Mengen waren absichtlich nicht sehr groß, aber doch so groß, daß man annehmen durfte, daß Menschen kaum in der Lage wären, durch Arbeiten in der Chromindustrie analoge Mengen pro Kilo aufzunehmen, d. h. etwa 3—5 mg pro Kilo, was entspricht etwa 25 mg Monochromat und 12 mg Bichromat pro Kilo. Ein Mensch hätte etwa 1,5 g Natriummonochromat oder 0,8 g Bichromat täglich aufzunehmen bei gleichen Mengeverhältnissen!

$$1 \text{ mg Cr} = 1{,}92 \text{ mg } CrO_3$$
$$1 \text{ mg Cr} = 1{,}46 \ Cr_2O_3$$
$$1 \text{ mg Cr} = 6{,}59 \text{ mg } Na_2CrO_4 + 10 \ H_2O$$
$$1 \text{ mg Cr} = 2{,}88 \text{ mg } Na_2Cr_2O_7 + 2 \ H_2O$$
$$1 \text{ mg Cr} = 3{,}8 \ \text{ mg } K_2CrO_4$$
$$1 \text{ mg Cr} = 2{,}83 \text{ mg } K_2Cr_2O_7.$$

Für Überschlagsrechnungen kann man rechnen:

$$1 \ Cr = 1{,}5 \ Cr_2O_3 = 2 \text{ mg } CrO_3 = 3 \text{ mg } Cr_2Na_2O_7 + 2 \ H_2O$$
$$= 6{,}6 \text{ mg } Na_2CrO + 10 \ H_2O.$$

Von den richtig gefütterten Tieren ist mit Ausnahme der Katze Nr. 63 keines während der Versuchszeit eingegangen. Dieselben wurden vielmehr zu verschiedenen Zeiten, meist nach ½—2 jähriger Chromfütterung, getötet, sorgfältig seziert, einzelne Organe auch mikroskopisch untersucht und darauf der Chromgehalt in der Leber bestimmt. War derselbe nicht minimal, so wurde eine größere Anzahl anderer Organe ebenfalls analysiert. Im Leben wurde der Harn häufig mikroskopisch untersucht und sein Eiweiß und Chromgehalt festgestellt Zu diesem Zweck wurde das Tier in einen Glastrichter gesetzt und solange beobachtet, bis Harn erhalten wurde, der nur dann untersucht wurde, wenn er frei von sichtbaren Verunreinigungen war.

a) Fütterungsversuche an Hunden.

1. Vier Hunde vom gleichen Wurf, im Alter von 3 Monaten, ca. 1500 g schwer. Die Hunde sind Bastarde von einem Dachshund und Pinscher und für ihr Alter gut entwickelt.

Zwei von den Hunden erhielten Bichromat, einer Monochromat und einer diente als Kontrollhund.

Die Tiere bekamen das Chrom in titrierter Lösung unter Hundekuchen gemischt, der in Bouillon eingeweicht war. Diese Nahrung erhielten sie regelmäßig mittags. Nach 6 Monaten wurde der Hundekuchen durch gekochtes, nach 7 Monaten durch rohes Fleisch ersetzt. Es wurde immer

Tabelle 6.
Chromatfütterung an Hunden.

Nummer		1		2		3		4	
Tiere		Hund Nr. 130		Hund Nr. 131		Hund Nr. 132		Hund Nr. 133	
Gewichte		1400 (1. 12. 09) 5800 Mai 10 8600 Nov. 10 8600 Mai 11 8700 Nov. 11 8770 (22. 12. 11)		1445 (13. 11. 09) 2100 12. 12. 09 3180 13. 1. 10 3760 1. 2. 10 — 4050 (15. 2. 10)		1450 (13. 11. 09) 2100 12. 12. 09 3270 15. 1. 10 5200 9. 5. 10 — 6400 (30. 6. 10)		1320 (13. 11. 09) 2020 12. 12. 09 3530 15. 1. 10 5400 9. 5. 10 6700 18. 7. 10 7000 (16. 9. 10)	
Ende — Gestorben		—		—		—		—	
Ende — Getötet		22. 12. 11		23. 2. 10		18. 7. 10		16. 9. 10	
Beginn		1. 12. 09		1. 12. 09		(Kontrollhund)		1. 12. 09	
Ende		21. 12. 11		22. 2. 10				15. 9. 10	
Tage		750		84		2		289	
Gesamt-Chrom-Aufnahme (angegeben in Milligramm) — 5 pro die	Zeit / Tage	1.12.—11.12.09 / 11	Chrom / 55	1.12.—11.12.09 / 11	Chrom / 55	—	Chrom / —	1.12.—11.12.09 / 11	Chrom / 55
10 pro die	Zeit / Tage	12.12.—31.1.10 / 51	— / 510	12.12.—31.1.10 / 51	— / 510	—	—	12.12.—31.1.10 / 51	— / 510
15 pro die	Zeit / Tage	1.2.—1.6.11 / 485	— / 7275	1.2.—22.2.10 / 22	— / 330	—	—	1.2.—15.9.10 / 227	— / 3405
20 pro die	Zeit / Tage	2.6.—14.10.11 / 135	— / 270	—	—	—	—	—	—
40 pro die	Zeit / Tage	15.10.—21.12.11 / 68	— / 2720	—	—	—	—	—	—
Total gefütt. in mg — Chrom / CrO_3		10 830 / 20 794,0		895 / 1 718,4		—		3 970 / 7 622,4	
Total gefütt. in mg — Natrium-Monochr.		71 478,0		—		—		—	
Total gefütt. in mg — Natrium-dichromat.		—		2 577,6		—		11 513,0	
Durchschngew. d. Tiere		7200 g		2344		—		4810	
Im Gesamtdurchschnitt pro Tag		14 mg Cr		10,1 mg Cr		—		13,7 mg Cr	
Pro Tag und 1 Kilo		1,9 mg Cr		4,3 mg Cr		—		2,8 mg Cr	

beobachtet, ob die Schüsselchen ausgefressen waren, was stets der Fall war. Von Zeit zu Zeit bekamen die jungen Tiere abends etwas Milch, die herangewachsenen Knochen. Die Entwicklung war bei allen eine kräftige, nach ca. 12 Monaten, also im Alter von ca. 15 Monaten, erschienen sie ausgewachsen. Die zugeführte Menge betrug 2—4,3 mg Chrom pro 1 kg.

Hund Nr. 130. Getötet am 22. 12. 11 nach 750 Tagen. Sektion: Dr. J. L. Burckhardt.

Völlig normaler Befund. Herz groß, Muskulatur nicht getrübt, Lunge normal, Leber braunrot, mikroskopisch stark hyperämisch, sonst ohne Befund. Magendarmkanal völlig normal. Nieren makroskopisch normal, an der Oberfläche bloß einige 1—2 mm große weißliche, leicht eingezogene Stellen, die bei der mikroskopischen Untersuchung kleinen zirkumskripten, subkapsulären Endzündungsherdchen entsprechen, höchst wahrscheinlich verminösen Ursprungs. Sonst Nieren völlig normal.

Hund Nr. 131. Getötet am 23. 2. 10, langsam mit Chloroform. Sektion: Dr. Treutlein.

Muskulatur, Fettpolster, Lungen, Leber, Milz, Dickdarm, Dünndarm, Nieren ohne Befund. Vollkommen normal. Im Duodenum, das auf eine Strecke von etwa 10 cm etwas gerötet ist, sind zwei kleine, erbsengroße Geschwürsstellen zu sehen, von denen die eine ein gelbliches Köpfchen, die andere eine kraterförmig eingezogene Spitze zeigt. Auch weiter unten einige bohnengroße entzündlich gerötete Stellen. Der gelbliche Darminhalt ist an dieser Stelle leicht blutig verfärbt, vorwiegend aber gute Kernfärbung. In vielen gewundenen Harnkanälchen liegen blasse strukturlose Massen an der Wandung an. Zylinder werden keine gefunden. Die Epithelien der gewundenen Harnkanälchen enthalten viel Fett, stellenweise liegt auch Fett im Lumen.

Mikroskopisch: Die Niere zeigt in den Tubuli contorti da und dort schlechte Kernfärbbarkeit und zarte geronnene Niederschläge. Keine Zylinder, keine Veränderung an den Glomeruli und Tubuli recti. Keine interstitiellen Veränderungen. Epithelien der Darmzotten an den geschwürigen Stellen auf kurze Strecken fehlend.

Hund Nr. 133. Vorsichtig mit Chloroform getötet.

Sektion: Lehmann und Dr. Treutlein.

Muskeln und Fett gut entwickelt, Herz, Leber, Milz, Lunge vollkommen normal. Der Dünndarm zeigt 2—3 leicht injizierte Stellen, sonst nichts Auffallendes. Die Nieren enthalten eine große Anzahl weißer Knötchen, in denen sich mikroskopisch Nematodenlarven nachweisen lassen. Die sonst normale Thymusdrüse ist von kleinen Blutungen durchsetzt (Chloroformwirkung?).

Der Kontrollhund Nr. 132 war bei der Sektion vollkommen normal.

b) Fütterungsversuche an Katzen.

Es wurden fünf Katzen eingestellt. Dieselben waren noch nicht vollkommen ausgewachsen und nahmen zum Teil sehr erheblich zu. Katze Nr. 63 starb schon nach weniger als zwei Monaten an einer Pyelonephritis; es wurde dann Katze Nr. 60 zum Ersatz eingestellt. Die Katzen erhielten täglich mittags das Chromat in Lösung auf gekochtem, später auf rohem, gehacktem Fleisch. Das Auffressen der Portionen wurde kontrolliert, außerdem erhielten sie morgens regelmäßig Milch. Es hat sich gezeigt, daß die Aufnahme des Chroms in Milch meist zu Erbrechen führte, während dasselbe in Fleisch gut vertragen wird. Die Dosis schwankte zwischen 3—4,5 mg Chrom pro Kilo.

Tabelle

Fütterungsversuche

		Nummer	5	6
		Tiere	Katze Nr. 60	Katze Nr. 61
		Gewichte	2870 (9. 2. 10) 3370 30. 3. 10 3650 9. 5. 10 4400 30. 6. 10 4600 1. 9. 10 4322 (16. 9. 10)	1600 (12. 12. 09) 2520 9. 5. 10 3370 10. 8. 10 4030 27. 1. 11 3850 15. 7. 11 4170 (1. 12. 11)
	Ende	Gestorben	—	—
		Getötet	16. 9. 10.	22. 12. 11
		Beginn	9. 2. 10	12. 12. 09
		Ende	15. 9. 10	21. 12. 11
		Tage	219	740

Gesamt-Chrom-Aufnahme (Angegeben in Milligramm)			5		6	
	5 pro die	Zeit	—	Chrom	—	Chrom
		Tage	—	—	—	—
	10 pro die	Zeit	9. 2.—15. 9. 10	—	12. 12. 09 —14. 10. 11	—
		Tage	219	2190	672	6720
	15 pro die	Zeit	—	—	—	—
		Tage	—	—	—	—
	20 pro die	Zeit	—	—	15. 10. —21. 12. 11	—
		Tage	—	—	68	1360
	40 pro die	Zeit	—	—	—	—
		Tage	—	—	—	—
	Total gefüttert in mgr	Chrom CrO$_3$	2190 4204,8		8080 15513,6	
		Natrium-monochr.	—		53328,0	
		Natrium-dichromat	6351,0		—	

	5	6
Alter des Tieres bei Beginn der Fütterung (Jahre) . .	2½	½
Durchschnittsgewicht d. Tiere	3950	3324
Gesamtdurchschnitt pro Tag	10 mg Cr	10,9 mg Cr
Pro Tag und 1 kg	2,5 mg Cr	3,3 m gCr

Befunde an den Chromkatzen im Leben und Tod.

Im Leben zeigten die Tiere Nr. 60, 61, 62, 64 keine auffallenden Befunde, Nr. 60, 61 und 64 entwickelten sich zu großen, kräftigen Tieren, Nr. 62 blieb schmächtig, Nr. 63 nahm bald an Gewicht ab, fraß schlecht und ging spontan ein.

Sektion von Katze Nr. 60. (7 Monate Bichromat.) Die Sektion des sehr gut genährten und kräftig entwickelten Tieres ergab absolut nichts Pathologisches. Nur erscheint der Pylorusteil des Magens schiefergrau und auch die mesenterialen Lymphdrüsen sind zum Teil auffallend grau bis schwärzlich. Im Quetschpräparat

7.
an Katzen.

7		8		9	
Katze Nr. 62		**Katze Nr. 63**		**Katze Nr. 64**	
2560 (12. 12. 09)		2440 (12. 12. 09)		2400 (12. 12. 09)	
2440 1. 2. 10		2490 31. 12. 09		2950 3. 3. 10	
2310 11. 4. 10		2170 15. 1. 10		3800 30. 6. 10	
2520 23. 5. 10		—		3900 15. 12. 10	
2600 30. 6. 10		—		3950 19. 6. 11	
2590 (5. 8. 10)		2140 (1. 2. 10)		4200 (1. 12. 11)	
—		7. 2. 10		—	
5. 8. 10		—		19. 12. 11	
12. 12. 09		12. 12. 09		12. 12. 09	
4. 8. 10		7. 2. 10		18. 12. 11	
236		57		737	
—	Chrom	—	Chrom	—	Chrom
—	—	—	—	—	—
12. 12. 09		12. 12. 09		12. 12. 09	
—4. 8. 10	—	—7. 2. 10	—	—14. 10. 11	—
236	2360	57	570	672	6720
—	—	—	—	—	—
—	—	—	—	—	—
—	—	—	—	15. 10.	—
—	—	—	—	—18. 12. 11	—
—	—	—	—	65	1300
—	—	—	—	—	—
—	—	—	—	—	—
2360		570		8020	
4531,2		1094,4		15398,4	
15576,0		—		—	
—		1663,0		23258,0	
½		1		1½	
2231		2247		3651	
10 mg Cr		10 mg Cr		10,8 mg Cr	
4,5 mg Cr		4,5 mg Cr		3 mg Cr	

erscheint ein schwarzes, feinkörniges, kohleartiges Pigment. Mikroskopisch nicht untersucht.

Sektion von Katze Nr. 61. (12 Monate Monochromat.) Die Sektion des gut genährten, fetten, starken Tieres ergibt makroskopisch keinen Befund an Herz, Lunge, Magen, Darm, Milz. Nur die Nieren erscheinen schon makroskopisch durch die weißliche, stark diffus getrübte Rinde auffällig, das Mark ist kaum getrübt hellrot. Nierenoberfläche glatt, blaß, Venen mäßig gefüllt.

Mikroskopischer Befund (Dr. J. L. Burckhardt). Ziemlich viel veränderte Glomeruli, zum Teil fast völlig hyalin, zum Teil mit hyaliner Kapsel. In der Umgebung etwas Lymphozyteninfiltration. Außerdem atrophische Tubuli mit einigen hyalinen Zylindern. Die sonst bei der Katze meist zu findende Verfettung der Tubuli contorti ist gering.

Tabelle

Fütterungsversuche.

Serie I: Tiere erhalten bloß ca. 1 Kilo Runkelrüben pro Tag.

Gesamt-Chrom-Aufnahme (angegeben in mg)		Nummer	10		11		12		13		14	
		Tiere	Kaninchen Nr. 164		Kaninchen Nr. 165		Kaninchen Nr. 166		Kaninchen Nr. 167		Kaninchen Nr. 168	
		Gewichte . . .	1950 (10.1.10) 2720 30.3.10 2800 1.9.10 3650 15.3.10 3420 6.10.10 3800 4.2.12		2190 (20.12.09) 2060 31.12.09 1950 15. 1.10 2100 1. 2.10 2100 15. 2.10 1570 (22. 2.10		1917 (20.12.09) 1790 31.12.09 1880 15. 1.10 — — 1750 (18. 1.10)		2500 (20.12.09) 2320 15. 1.10 2620 15. 2.10 2000 3. 3.10 — 1750 (12. 3.10)		2220 (20.12.09) 2140 31.12.09 2330 15. 1.10 2350 1. 2.10 — 1550 (12. 2.10)	
	Ende { Gestorben / Getötet		 —		22. 2. 10 —		18. 1. 10 —		12. 3. 10 —		12. 2. 10 —	
	Beginn / Ende		— Kontroll-K.		20. 12. 09 21. 2. 10		20. 12. 09 17. 1. 10		20. 12. 09 11. 3. 10		20. 12. 09 14. 2. 10	
	Tage		—		64		29		82		57	
			—	—	Zeit	Chrom	Zeit	Chrom	Zeit	Chrom	Zeit	Chrom
	10 pro die	Zeit	—	—	20.12.09 21. 2.10	—	20.12.09 17. 1.10	—	20.12.09 11. 3.10	—	20.12.09 14. 2.10	—
		Tage	—	—	64	640	29	290	82	820	57	570
	20 pro die	Zeit	—	—	—	—	—	—	—	—	—	—
		Tage	—	—	—	—	—	—	—	—	—	—
	Total gefütt. in mgr	Chrom	—		640		290		820		570	
		CrO$_3$	—		1228,8		556,8		1574,4		1094,4	
		Natrium-monochr.	—		4224,0		1914,0		—		—	
		Natrium-dichrom.	—		—		—		2378,0		1643,0	
	Alter des Tieres bei Beginn der Fütter. (Jahre)		1		1		1		1		1	
Durchschnittsgewicht der Tiere					2272		1834		2360		2151	
Gesamtdurchschnitt pro Tag .					10 mg Cr		10 mg Cr		10 mg Cr		10 mg Cr	
Pro Tag und Kilo					4,5 mg Cr		5,5 mg Cr		4,3 mg Cr		4,7 mg Cr	

Diagnose: Leichte Schrumpfniere. — Leber mikroskopisch normal.

Sektion von Katze Nr. 62. (7 Monate Monochromat.) Zartgebautes Tier ohne Fett. Lunge, Herz, Leber, Magen, Milz normal. Die Nieren zeigen einige seichte Einziehungen der Oberfläche und fleckweise gelbliche Verfettung, was bei Katzen sehr häufig ist. Kapsel löst sich gut. Dünndarm zeigt in seiner ganzen Ausdehnung stark gerötete Schleimhautfalten.

Sektion von Katze Nr. 63. Fettfreies, schlecht genährtes Tier. Spontan gestorben. Keine Ödeme. Muskeln von normaler Farbe. Starke, eitrig schleimige Bronchitis, Lunge und Herz normal. Magen groß, Schleimhaut katarrhalisch mit einigen kleinen Defekten. Im oberen Dünndarmabschnitt kleinste Ekchymosen, unterer Dünndarm und Dickdarm normal.

Rechte Niere nur von der Größe einer dicken Bohne, sehr derb, Kapsel löst sich schlecht, Oberfläche grob granuliert, im Nierenbecken ein Tropfen dicktrüber Flüssigkeit, die ganz aus Leukozyten besteht. Mikroskopisch enthält die rechte Niere sehr stark vermehrtes Bindegewebe, verfettetes Epithel der Tubuli contorti und in vielen derselben Zylinder.

8.

an Kaninchen.

Serie II: Tiere erhalten außer 1 Kilo Runkelrüben noch 50 g Hafer und etwas Grünfutter.

15		16		17		18		19		20	
Kaninchen Nr. 169		Kaninchen Nr. 170		Kaninchen Nr. 171		Kaninchen Nr. 172		Kaninchen Nr. 182		Kaninchen Nr. 188	
2470	(16.2.10)	2080	(16.2.10)	1719	(3. 3.10)	2050	(14.3.10)	2200	(4.2.11)	2070	(4.2.11)
2370	30.3.10	2000	3.3.10	1800	9.6.10	1870	11.4.10	2450	2.4.11	2300	2.4.11
2240	23.5.10	1950	23.5.10	2670	1.9.10	1850	23.5.10	2700	2.7.11	2320	2.7.11
2300	30.6.10	1910	18.7.10	2870	2.6.11	1700	30.6.10	2800	26.9.11	2640	26.4.11
2230	10.8.10	1950	10.8.10	3120	26.9.11	1710	18.7.10	3200	1.12.11	2730	1.12.11
2650	(16.9.10)	2542	(16.9.10)	3150	(1.12.11)	1620	(5.8.10)	3350	4.2.21	2900	4.2.12
—		—		—		—		—		—	
16. 9. 10		16. 9. 10		21. 12. 11		5. 8. 10		26. 2. 12		26. 2. 12	
16. 2. 10		16. 2. 10		3. 3. 10		14. 3. 10		4. 2. 11		4. 2. 11	
16. 9. 10		15. 9. 10		20. 12. 11		4. 8. 10		4. 2. 12		4. 2. 12	
212		212		658		144		366		366	
Zeit	Chrom	Zeit	Chrom	Zeit	Chrom	Zeit	Chrom	Zeit	Chrom	Zeit	Chrom
16. 2.10	—	16. 2.10	—	3. 3.10	—	14. 3.10	—	4. 2.11	—	4. 2.11	—
16. 9.10		15. 9.10		14.10.11		4. 8.10		14.10.11		14.10.11	
212	2120	212	2120	591	5910	144	1440	253	2530	253	2530
—	—	—	—	15.10.11	—	—	—	15.10.11	—	15.10.11	—
—	—	—	—	20.12.11		—	—	4. 2.12		4. 2.12	
—	—	—	—	67	1340	—	—	113	2260	113	2260
2120		2120		7250		1440		4790		4790	
4070,4		4070,4		13920,0		2764,8		9196,8		9196,8	
—		13992,0		47850,0		—		31614,0		31614,0	
6148,0		—		—		4176,0		—		—	
1½		1½		1½		1½		1		1	
2335		2011		2264		2178		2640		2478	
10 mg Cr		10 mg Cr		10,6 mg Cr		10 mg Cr		13 mg Cr		13 mg Cr	
4,3 mg Cr		5 mg Cr		5 mg Cr		4,7 mg Cr		5 mg Cr		5,4 mg Cr	

Linke Niere größer als normal, in ihrer Rindenpartie sehr blaß, fettreich. Markschicht blaßrot. Mikroskopisch starke Fettinfiltration der Tubuli contorti, deren Epithelien auf weite Strecken nur blasse Kernfärbung zeigen. Die Tubuli contorti enthalten vielfach zarte hyaline Wandauflagerungen, das zentrale Lumen meist frei. Keine Zylinder, dagegen da und dort Fetttropfen. Interstitielle Veränderungen fehlen.

Harnblase enthält dicktrüben Harn mit vielen geschwänzten Epithelien, vereinzelten granulierten Zylindern, ein typisches Wurmei! Keine Leukozyten.

Anatomische Diagnose: Chronische eitrige Bronchitis, Pyelonephritis und starke bindegewebige Schrumpfung in einer (wohl angeboren pathologisch kleinen) rechten Niere, vielleicht Folge einer verminösen Invasion. Kompensatorische Vergrößerung der linken Niere, die Veränderungen zeigt, wie sie bei Katzen sehr häufig sind. Es bleibt aber sehr zweifelhaft, ob die Chromfütterung mit diesem Befund ursächliche Beziehungen hat.

Sektion von Katze Nr. 64 (Dr. Burckhardt). 2 Jahre Bichromat! Sehr fettes Tier; Herz, Leber, Lunge, Magen, Darm ohne makroskopische Ab-

Tabelle

Eiweiß und Chrom im gesammelten Harn

Lfde. Nr.	1		2		3		4		5		6		7		8		9	
Datum	Hunde Nr.								Katzen Nr.									
	130		131		132¹)		133		60.		61		62		63		64	
	Eiweiß	Chrom	Eiweiß	Chrom	Eiweiß	Chrom	Eiweiß	Chrom	Eiweiß	Chrom	Eiweiß	Chrom	Eiweiß	Chrom	Eiweiß	Chrom	Eiweiß	Chrom
20. 12. 09	0	3,64	0	1,17	Spur	Kein Chrom	0	0,99	—	—	—	—	—	—	—	—	0	0,64
15. 1. 10	0	0,34	0	1,00	0		0	1,00	—	—	0	0	0	0,42	0	0	0	0,00
1. 2. 10	0	0,17	0	0,40	0		0	0,30	—	—	0	0,40	0	0,14	0	7,50	0	0,38
15. 2. 10	0	5,00	0	3,00	0		0	4,17	—	—	0	0,17	0	1,17	—	—	0	0,00
20. 3. 10	0	8,34	—	—	0		Spur	5,72	0	1,43	Spur	2,00	0	6,00	—	—	0	1,82
20. 4. 10	0	9,29	—	—	0		0	8,46	Spur	1,50	0	1,11	0	1,00	—	—	0	1,11
30. 5. 10	0	18,67	—	—	0	—	0	15,34	Spur	11,11	0	15,00	0	17,50	—	—	0	28,75
30. 6. 10	0	1,23	—	—	0	—	0	1,54	0	0,43	0	0,46	0	1,11	—	—	0	1,00
15. 7. 10	0	2,86	—	—	0	—	0	4,29	0	0,33	0	0,43	0	2,50	—	—	0	5,00
20. 9. 10	0	0,70	—	—	—	—	—	—	—	—	0	1,37	—	—	—	—	0	0,95
15. 10. 10	0	0,46	—	—	—	—	—	—	—	—	0	1,40	—	—	—	—	0	1,00
1. 11. 10	0	0,80	—	—	—	—	—	—	—	—	0	0,70	—	—	—	—	0	1,43
15. 11. 10	0	0,36	—	—	—	—	—	—	—	—	0	0,96	—	—	—	—	0	1,00
1. 12. 10	0	5,00	—	—	—	—	—	—	—	—	0	5,71	—	—	—	—	0	3,34
1. 1. 11	0	1,93	—	—	—	—	—	—	—	—	0	13,00	—	—	—	—	0	6,00
19.	0	4,00	—	—	—	—	—	—	—	—	0	7,50	—	—	—	—	0	9,00
20. }1. 11	0	0,80	—	—	—	—	—	—	—	—	0	1,80	—	—	—	—	0	6,25
21. *	0	0,89*	—	—	—	—	—	—	—	—	0	1,00*	—	—	—	—	0	3,82*
23.	0	1,00	—	—	—	—	—	—	—	—	0	0,80	—	—	—	—	0	1,90
12. 5. 11	0	0,90	—	—	—	—	—	—	—	—	0	0,60	—	—	—	—	0	3,85
8.* 6. 11	0	11,54	—	—	—	—	—	—	—	—	0	8,00	—	—	—	—	0	4,45
26.	0	1,34	—	—	—	—	—	—	—	—	0	3,20	—	—	—	—	0	1,07
27. }9. 11	0	1,15	—	—	—	—	—	—	—	—	0	0,91	—	—	—	—	0	2,50
28.	0	2,70	—	—	—	—	—	—	—	—	0	1,93	—	—	—	—	0	1,23

weichungen. Nieren von glatter Oberfläche, Venen stark gefüllt, auf dem Querschnitt ist die Rinde weißlich, sehr stark, aber ungleichmäßig getrübt, besonders am Rande der Pyramiden. Sonst nichts Besonderes. Mikroskopisch zeigt die Niere außer starkem Fettgehalt keinen pathologischen Befund. Leber etwas fetthaltig.

c) Fütterungsversuche an Kaninchen.

Erste Reihe.

Die erste Reihe der Tiere Nr. 164, 165, 166, 167 und 168 erhielt täglich nichts wie 1 kg Rüben. Das Kontrolltier gedieh dabei recht gut, es erlangte in 80 Tagen, ausgehend von 1950 g, ein Gewicht von 2720 g. Die vier Chromattiere gingen in 1—3 Monaten unter meist erheblicher

---

¹) Kontrollhund.

*) Vom 21. 1. 11 wurde bei den Hunden der Harn mit Glas frei aufgefangen; bei den Katzen wurde nur Harn genommen, der in keine Berührung mit Kot gekommen war; die Kaninchen wurden katheterisiert. Alle mit diesen Kautelen erhaltenen Werte sind fett gedruckt.

9.

der Chromtiere in mg auf 1 Liter umgerechnet.

Kaninchen Nr.

10		11		12		13		14		15		16		17		18		19		20	
164		165		166		167		168		169		170		171		172		182		188	
Eiweiß	Chrom	Eiweiß	Chrom	Eiweiß	Chrom	Eiweiß	Chrom	Eiweiß	Chrom	Eiweiß	Chrom	Eiweiß	Chrom	Eiweiß	Chrom	Eiweiß	Chrom	Eiweiß	Chrom	Eiweiß	Chrom
0	Kein Chrom	0	0,4	0	0,38	0	0,42	0	0,35	—	—	—	—	—	—	—	—	—	—	—	—
0		0	0,25	0	0,40	0	0,0	0	0,63	—	—	—	—	—	—	—	—	—	—	—	—
Spur		0	0,13	—	—	0	0,0	0	0,13	—	—	—	—	—	—	—	—	—	—	—	—
0		0	0,00	—	—	0	1,50	—	—	0	0,0	0	0,0	—	—	—	—	—	—	—	—
0		—	—	—	—	—	—	—	—	0	57,14	0	3,13	0	3,13	0	6,25	—	—	—	—
0		—	—	—	—	—	—	—	—	0	1,00	0	0,30	0	0,25	0	0,13	—	—	—	—
0		—	—	—	—	—	—	—	—	0	13,33	0	20,00	0	5,40	0	9,00	—	—	—	—
0		—	—	—	—	—	—	—	—	0	1,30	0	0,38	0	1,33	0	1,71	—	—	—	—
0		—	—	—	—	—	—	—	—	0	2,20	0	2,27	0	3,08	0	8,00	—	—	—	—
Spur		—	—	—	—	—	—	—	—	—	—	—	—	0	0,60	—	—	—	—	—	—
0		—	—	—	—	—	—	—	—	—	—	—	—	0	0,67	—	—	—	—	—	—
0		—	—	—	—	—	—	—	—	—	—	—	—	0	0,70	—	—	—	—	—	—
0		—	—	—	—	—	—	—	—	—	—	—	—	0	1,50	—	—	—	—	—	—
0		—	—	—	—	—	—	—	—	—	—	—	—	0	0,82	—	—	—	—	—	—
0		—	—	—	—	—	—	—	—	—	—	—	—	0	6,37	—	—	—	—	—	—
0		—	—	—	—	—	—	—	—	—	—	—	—	0	5,00	—	—	—	—	—	—
0		—	—	—	—	—	—	—	—	—	—	—	—	0	63,16[1])	—	—	—	—	—	—
—		—	—	—	—	—	—	—	—	Zahlreich. Harn-		—	—	0	1,00*	—	—	—	—	—	—
—		—	—	—	—	—	—	—	—	analysen vom		—	—	0	1,88	—	—	—	—	—	—
—		—	—	—	—	—	—	—	—	Juli 1911.		—	—	0	2,73	—	—	0	1,38	0	2,78
—		—	—	—	—	—	—	—	—	S. in bes. Tab. 10		—	—	0	1,28	—	—	0	2,22	0	0,91
—		—	—	—	—	—	—	—	—	—	—	—	—	0	0,80	—	—	0	2,28	0	1,80
—		—	—	—	—	—	—	—	—	—	—	—	—	0	0,70	—	—	0	0,70	0	0,93
—		—	—	—	—	—	—	—	—	—	—	—	—	0	0,80	—	—	0	0,70	0	0,93

Gewichtsabnahme zugrunde. Sie hatten ihre Chromatlösung auf einem Rübenschnitz mit einem zweiten Rübenschnitz bedeckt erhalten. Die Futteraufnahme soll nach Angabe des Dieners nicht auffallend gestört gewesen sein, namentlich wurde das chromierte Futter stets gefressen.

Sektion von Kaninchen Nr. 165. (T.) Herz, Leber, Magen, Milz, Nieren makroskopisch normal. In der Bauchhöhle ein wenig blutigschleimige Flüssigkeit. Die oberen Dünndarmabschnitte erscheinen von außen himbeerrötlich, sie enthalten gelblichen bis gelblichrötlichen etwas sulzigen Inhalt, nach dessen Entfernung die Darmwand blaß und ohne Entzündungserscheinungen daliegt.

Sektion von Kaninchen Nr. 166. Ziemlich starkes Ödem des subkutanen Zellgewebes an Rumpf und Beinen, Peritoneum parietale etwas gerötet. In der Bauchhöhle mindestens 10 ccm blutig seröser Flüssigkeit. Magenwand diffus hyperämisch, stellenweise, namentlich um die Gefäße, blutig seröse Ödeme. Schleimhautveränderungen im Magen erscheinen als Produkt der Selbstverdauung. Dünndarminhalt reichlich schleimigblutig, Darmwand stark injiziert. Unterer Dünndarm normal, ebenso Dickdarm. Herz auffallend groß, verdickt, schlaff, Vorhöfe

[1]) Diese und alle anderen Zahlen über 3—5 mg in 1 Liter Harn sind stark auf Verunreinigung mit Kot verdächtig.

*) Die fettgedruckten Zahlen sind an absolut reinem Harn gewonnen.

und Vena cava sehr stark mit geronnenem Blut gefüllt, in den Herzkammern und
Vorkammern viele Blutgerinnsel. Um die großen Herzgefäße deutliches Ödem.
Sektion von Kaninchen Nr. 167. Ziemlich mager. Kein subkutanes Ödem;
Magen, Herz, Nieren ohne besonderen Befund. Im blassen Dünndarm auf erhebliche
Strecken ein leicht rötlich gefärbter, zäher schleimiger Inhalt. Ein Teil des Blind-
darms blaßrot. Linke Lunge normal, in der rechten sind schon außen verschiedene
keilförmige dunkelblaßrote Herde zu sehen — Infarkte. Leber, Nieren, Herz
makroskopisch ohne auffallenden Befund.
Chromkaninchen Nr.168. Mageres Tier, ohne wesentlichen Sektionsbefund.
Am auffallendsten ist die Füllung des oberen Dünndarms mit rosenfarbener Flüssig-
keit; die Darmwand zeigt ein wenig Katarrh. An keinem anderen Organe typische
Veränderungen.
Es ist eine Lücke meiner Arbeit, daß der Todesursache in diesen Versuchen
nicht näher nachgegangen wurde, namentlich, daß · keine mikroskopischen
Nierenuntersuchungen vorgenommen wurden. Das Verhalten der nicht einseitig
mit Rüben gefütterten Tiere ist aber absolut anders, und der makroskopische
Sektionsbefund der Rübentiere schien Magendarmstörungen als genügende
Todesursache zu ergeben.

Zweite Reihe.

Im Februar wurde eine zweite Serie eingestellt (169, 170, 171,
172), die neben Runkelrüben auch Hafer erhielten (ca. 50 g pro Tag
und pro Kopf und etwas Grünfutter) und mit Ausnahme von Nr. 18
an Körpergewicht erheblich, wenn auch nicht ganz normal, zunahmen
und die Chromate gut zu vertragen schienen. Das Chromat (5 mg Cr
pro Kilo) wurde zur Befeuchtung des Hafers verwendet. Auch hier
wurde die vollständige Verzehrung des Futters möglichst kontrolliert.
Im einzelnen war das Schicksal der Tiere:
Chromkaninchen Nr. 169. Getötet nach 7 Monaten Dichromatfütterung.
Nur etwas starke Injektion der Magengefäße an der hinteren Wand (Hypostase,
Schleimhautdefekte fehlen). Sonst kein auffallender Befund. Einige ccm braun-
gelbe Flüssigkeit in der Bauchhöhle.
Chromkaninchen Nr. 170. Getötet nach 7 Monaten Monochromat-
fütterung. Kein Befund pathologischer Art.
Chromkaninchen Nr. 172. Getötet 5. 8. 1910 (Treutlein). — 144 Tage
Dichromatfütterung.
Lunge, Herz, Niere, Leber makroskopisch ohne Befund. Diffuse Rötung
der Dünn- und Dickdarmschleimhaut, Magenschleimhaut etwas braunrötlich.
Magen sehr stark durch Gase gedehnt, doch zeigt die mikroskopische Untersuchung,
daß keine pathologischen Veränderungen, nur Dehnung vorliegt. Niere nicht
mikroskopisch untersucht.
Chromkaninchen Nr. 171. Getötet 21.12.11 (Burckhardt). — 658 Tage
Monochromatfütterung.
Subkutanes Fett reichlich. Herz, Lunge, Leber, Milz, Nieren völlig ohne
Befund. Darm: an der untersuchten Stelle des Dünn- und Dickdarms Schleimhaut
nicht hyperämisch. Darminhalt normal. Mikroskopisch: Niere völlig normale
Verhältnisse, Leber anscheinend normal.
Chromkaninchen Nr. 182. Getötet 26. 2.1912 (Burckhardt). 366 Tage
Monochromat. Makroskopisch ohne Befund. Mikroskopisch: Nieren und Leber
vollkommen normal.
Chromkaninchen Nr. 188. Getötet 26. 2. 1912 (Burckhardt). 366 Tage
Monochromat. Makroskopisch ohne Befund. Nieren und Leber mikroskopisch
vollkommen normal.

Ich berichte nun noch in drei Tabellen über den Chrom- und Eiweißgehalt der Harne der lebenden Tiere und über den Chromgehalt der

Organe der getöteten. Da die einzelnen Tierarten hier keine Besonderheiten aufwiesen, im Gegenteil einzelne auffallende Beobachtungen bei den drei Tierarten immer wiederkehren, so wird durch oiese Anordnung Raum gewonnen und die Beweiskraft gesteigert.

Ich bemerke noch, daß leider Untersuchungen auf den Zylindergehalt des Harns nicht methodisch genug stattgefunden haben; doch sind die meisten Harne in den ersten drei Monaten der Fütterung etwa dreimal untersucht und nie mehr als ein ganz vereinzelter Zylinder in dem abzentrifugierten spärlichen Sediment, meist aber gar keine gefunden.

Tabelle 10.
Harn vom Kaninchen Nr. 169.
Harn im Trichter aufgefangen, sofort filtriert, möglichst aller Harn gesammelt.

Tag	Zeit	ccm	Chrom mg	Chrom pro 1 Liter Harn mg
23. 7.	nach ca. 10 Stunden	150	0,25	1,67
23. 7.	„ „ 6 „	140	0,1	0,72
24. 7.	„ „ 24 „	200	0,2	1,00
25. 7.	„ „ 3 „	100	0,25	2,50
25. 7.	„ „ 7 „	135	0,08	0,59
25. 7.	„ „ 12 „ + Nachturin	120	0,2	1,67
26. 7.	nach ca 4 Stunden	150	0,15	1,00
26. 7.	„ „ 10 „	150	0,08	0,56
26. 7.	Nachturin	115	0,06	0,52
27. 7.	nach 4 Stunden	160	0,2	1,25
27. 7.	„ 11 „	150	0,1	0,67
27. 7.	Nachturin	70	0,06	0,86
28. 7.	nach 5 Stunden	150	0,18	1,20
28. 7.	„ 10 „	160	0,15	0,94

Um zu sehen, ob mit dem Aufhören der Chromzufuhr die Chromausfuhr aufhört, wurde zweimal am 3.—6. 6. 1910 und am 10.—13. 6. 1910 die Chromfütterung ausgesetzt und am 6. und 13. 6. der Harn sorgfältig gesammelt und untersucht und bei mehreren Tieren noch kleine Chrommengen gefunden.

Fassen wir die Resultate der chronischen Chromfütterung zusammen, so ergibt sich:

1. Eine Zufuhr von 2—5 mg pro Kilo Hund, Katze oder Kaninchen, mit Eiweißkörpern (Fleisch, Hafer) gemischt, stört in 3—16 Monaten die Gesundheit der Tiere nicht im merklichen Maße. Obwohl der Harn bald größere, bald kleinere Chromspuren zeigt, haben sich Symptome von Nierenerkrankungen im Leben niemals gezeigt, d. h. wenn überhaupt ein Eiweißgehalt mit der Ferrozyankaliumprobe nachzuweisen war, so war er immer nur spurweise vorhanden[1]). Zylinder und Formelemente fehlten oder waren nur ganz vereinzelt zu finden. Methodisch

---

[1]) Eine Ausnahme macht Kaninchen 171, das einmal kräftigen Eiweißgehalt zeigte.

Tabelle 11.
Chrom in den Organen der Chrom-Tiere.
(Die Zahlen bedeuten mg in einem Kilo.)

Laufende Nr.	Tier-Organe	1	2	3	4	5	6	7	8	9	10	11	12	13	14	15	16	17	18	19	20
		Hund Nr.				Katze Nr.					Kaninchen Nr.										
		130	131	132	133	60	61	62	63	64	164	165	166	167	168	169	170	171	172	182	188
1	Blut	0	—	Kontr.-Hund	0	—	0,0	—	—	2,25	Kontr.-Kan.	—	1,6	—	—	—	—	5,00	—	—	—
2	Dickdarm	—	0		—	—	—	—	0	—		0	—	0,2	—	—	—	—	—	—	—
3	Dickdarminhalt	—	0		—	—	—	—	—	—		16	—	—	—	—	—	—	—	—	—
4	Dünndarm	—	—		—	—	—	—	0	—		0	—	—	—	—	—	—	2,0	—	—
5	Dünndarminhalt	—	—		—	—	—	—	—	—		50,0	—	—	—	—	—	—	—	—	—
6	Dünndarm u. Dickdarm	—	—		1,2	—	—	—	0	—		—	—	—	—	—	—	—	—	—	—
7	Galle	—	—		—	—	—	—	0	—		—	5,0	—	0	—	—	—	—	—	—
8	Harn	1,8	0		—	—	—	—	—	0,29		—	2,0	—	2,0	—	—	4,67	2,4	—	—
9	Harn und Blase	—	—		—	2,4	—	4,0	—	—		—	—	—	—	—	—	—	—	—	—
10	Herz	—	—		—	—	—	—	—	—		—	0	—	—	—	—	—	—	—	—
11	Herzblut	—	—		—	—	—	—	0	—		—	0	—	—	—	—	—	—	—	—
12	Herz und Lunge	1,19	—		1,2	4,0	2,40	—	—	2,65		—	—	—	—	0	1,2	2,26	—	—	—
13	Hirn	0	—		—	—	0,0	—	—	0,0		—	—	—	—	—	—	0,0	—	—	—
14	Knochen	—	—		0	—	—	—	—	—		—	0	—	—	—	—	—	—	—	—
15	Kot	—	—		—	—	—	—	—	—		—	—	4,5	—	—	—	—	—	—	—
16	Leber	191,26	9,0		61,0	11,0	12,86	6,9	39,0	14,28		5,9	6,0	0,5	2,0	9,0	7,2	16,67	7,2	4,55	4,30
17	Lunge	—	—		—	—	—	2,0	0	—		—	—	—	—	—	—	—	4,0	—	—
18	Lymphdrüse	—	—		—	0	—	—	0	—		—	—	—	—	—	—	—	—	—	—
19	Magen	—	0		6,4	1,0	—	0	3,0	—		—	—	—	—	—	1,38	—	—	—	—
20	Mageninhalt	—	—		—	—	—	—	2,5	—		0	—	—	—	—	—	—	—	—	—
21	Milz	2,67	1,0		—	—	1,00	0	—	3,62		0	—	0	—	—	—	2,0	—	—	—
22	Muskel	0	—		0	—	0,0	—	—	2,10		0	0	—	—	—	—	—	—	—	—
23	Niere	3,30	4,4		7,0	1,4	1,25	4,8	0	1,08		0	3,0	0,5	0,5	2,64	3,3	3,23	10,0	0,64	0,6

Tabelle 12.

| Tier | Nr. | Versuch am 6. 6. | | | | Versuch am 13. 6. | | |
| | | I. | | | | II. | | |
		ccm	Eiweiß	Chrom mg	Chrom pro 1000 ccm	ccm	Eiweiß	Chrom mg
Hund	130	130	Spur	0,03	0,23	110	Spur	0	0
„	133	140	0	0,03	0,23	100	Spur	0	0
Kaninchen	169	90	0	0	0	40	0	0,05	0,12
„	170	100	0	0,02 ?	0,2	40	0	0,05	0,12
„	171	100	Kleinste Spur	0	0	35	0	0	0
„	172	110	Kleinste Spur	0	0	30	0	0	0
Katzen	60	80	Spur	0	0	60	Spur	0	0
„	61	100	Zweifelhaft	0	0	55	Kleinste Spur	0	0
„	62	60	0	0	0	60	0	0	0
„	64	110	0	0,01	0,09	80	0	0	0

ist nicht danach gesucht. Eine klinische Diagnose Nephritis war in keinem Falle zu stellen.

2. In ihrem Befinden zeigten die Tiere nichts Abnormes, die Entwickelung der jungen Tiere war eine normale, der Appetit war gut, einige Tiere haben sich ausgezeichnet entwickelt. Daß einzelne weniger stark zunahmen oder gar eine kleine Abnahme aufweisen, wird niemand verwundern, der analoge Versuche bei regelmäßiger Fütterung angestellt hat. Wie nicht alle Menschen das Durchschnittsgewicht erreichen, so tun das auch nicht alle Tiere; einzelne Katzen sind immer schon beim Einstellen krank.

3. Die Sektionsresultate haben bei der überwiegenden Mehrzahl der Tiere ein Bild ergeben, das man als vollständig normal bezeichnen kann.

4. An 3 Hunden wurden keine nennenswerten Nierenveränderungen gefunden, von 5 Katzen zeigte eine ganz normale Nieren trotz 2jähriger Bichromatfütterung, zwei wurden wegen makroskopisch-normalen Aussehens nicht mikroskopisch untersucht. Eine zeigte leichte Schrumpfnieren (Nr. 61), eine schwere Veränderungen (Nr. 63), die ich nicht auf Chromat beziehen möchte. — Von den 6 mit Rüben, Hafer und Chromat gefütterten Kaninchen zeigten alle makroskopisch normale Nieren, 3 wurden mikroskopisch untersucht und ganz normal gefunden.

5. Entschieden geschädigt waren die mit Rübe und Chromat allein gefütterten Kaninchen; ausgesprochene Dünndarmkatarrhe waren die Folge der Fütterung. Als Erklärung ist denkbar, daß schlecht genährte Tiere empfindlicher sind, oder daß bei stärkerer Eiweißfütterung (Hafer) das Chromat gebunden wird und nicht lokal reizend wirkt. Mir ist dies das Wahrscheinlichste.

4. Einige Versuche über die Wirkung der Chromate auf die Haut.

In einer ersten Versuchsreihe wurden kleinste Partikel festes Natriumbichromat in kleine Schnittwunden (5 mm lange Hautschnitte) eingebracht, nachdem vorher die Haare sorgfältig auf einer ca. 10 qcm großen Stelle entfernt worden waren.

Die Ätzung wurde mit jedesmal $\frac{1}{4}$—$\frac{1}{2}$ mg des Salzes an einem Kaninchen und einem Hund zweimal an aufeinanderfolgenden Tagen wiederholt — die Wirkung war sehr schwach, die reaktive Schwellung des Gewebes verschloß die kleine Wunde, die rasch heilte. Auch viermalige Ätzungen führten zu nichts wesentlich anderem als zu geringer Infiltration um ein kleines verschorftes Geschwür, das mit geringem Substanzdefekt heilt, wenn man es in Ruhe läßt. An der Ohrmuschel heilten solche Ätzungen mit kleinem, scharfem, lanzettförmigem Haut- und Knorpeldefekt. Auch als ich das Bichromat durch Chromsäure ersetzte, war der Erfolg nicht wesentlich anders.

Schwerere Störungen erhielt ich durch tägliches Einreiben einer rasierten oder mit Schwefelleber enthaarten Hautstelle mit einem Tropfen einer konzentrierten Lösung von Bichromat. Die schwersten Symptome erzeugte ein 15maliges Einpinseln einer handtellergroßen, sorgfältig enthaarten Stelle[1]) am Kaninchen- und Hunderücken mit täglich 2—3 ccm 5proz. Kaliumbichromatlösung. Es entstand unter der kombinierten Wirkung des Chromats, das niemals abgewaschen wurde, und des Scheuerns der Tiere bald ein immer größeres, stark borkig belegtes Geschwür von sehr häßlichem Aussehen, über das immer wieder gepinselt wurde. So kann man natürlich Chromgeschwüre erzeugen, wie sie den Kinderjahren der Chromfabrikation entsprechen. Im Harn der beiden so behandelten Tiere (Einpinselungen vom 5.3.1912 ab täglich[2])) konnte am 9. bzw. 11. 3. und am 22. bzw. 18. 3. Chrom gefunden werden; ich bezweifle nicht, daß man durch energische Wiederholung der Einpinselung die Tiere schließlich hätte nierenkrank machen können.

Da aber längst gezeigt ist, daß man von Hautwunden aus durch Resorption von Chromaten Chromvergiftung hervorbringen kann, und man in der Gewerbehygiene, schon um Schmerz zu sparen, Chromatgeschwüre sehr rein hält, so schien es überflüssig, diese Tiererkrankungen zu erzeugen. Die Fortsetzung der Versuche wurde außerdem gestört durch das Nachwachsen der Haare, die mit dem Wundsekret verklebten und chromatbindende Krusten bilden halfen.

---

[1]) Niemand kann bei dem Enthaaren für absolute Intaktheit der ganzen Epidermis bürgen.

[2]) Die Mengen sind nicht notiert — sie waren aber nicht größer als bei den gefütterten Tieren.

5. Wirkung inhalierter Chromate auf Nase und Bronchien.

Besonderes Interesse versprach ich mir von Tierversuchen über die Wirkung der Chromate auf die Nase und die Bronchien, da solche noch niemals methodisch angestellt sind, und da sie ein helles Licht auf verschiedene theoretisch interessante Fragen werfen mußten. Vor allem:

1. Welche Konzentration der Chromate ist nötig, um eine Nasenaffektion zu erzeugen?
2. Kann eine solche zustande kommen ohne den bohrenden Finger?
3. Ist die statistisch nachgewiesene Häufigkeit von respiratorischen Affektionen bei den Chromarbeitern durch den Tierversuch aufzuklären?

Die Versuche wurden 1910 mit Herrn med. pract. Bartling in orientierender Weise begonnen, mit Herrn med. pract. Lauter wurden sie im Sommer 1911 energisch aufgenommen und so beweisende Resultate erhalten, daß ein vorläufiger Abschluß möglich ist. Aber natürlich ist auch auf diesem Gebiet durch weiteres Experimentieren noch viel zu finden, namentlich wäre die feine pathologische Anatomie des Prozesses zu verfolgen. Herr Lauter hat ausführlich über seine Resultate in seiner Dissertation berichtet; ich gebe hier nur die Hauptresultate der Experimente, aber eine vertiefte Diskussion derselben.

Es schien mir von vornherein wenig lohnend, die Inhalationsversuche mit Chromatpulver zu machen; eine scharfe Dosierung der offenbar nur notwendigen kleinen Dosen schien fast unmöglich, dagegen war ein Studieren der Chromattröpfchenintoxikation reizvoll und erschien bequem aus den folgenden Gründen. Einmal konnte man erwarten, daß die Luft über verdampfenden Chromatlösungen chromatreich genug sein werde, um Chromattröpfchen- oder Stäubchenvergiftung zu erzeugen, und zweitens schien es leicht, durch eine zweckmäßige und gleichmäßige Versuchsanordnung durch bloßes Abdampfen unter bestimmten Bedingungen konstante Chromatgehalte der Luft zu gewinnen.

Mein Schüler Wisser wird über mehr theoretische Resultate, die sich in der Ausführung dieses Programms ergaben, und die noch nicht abgeschlossen sind, an anderer Stelle berichten, und ich begnüge mich, hier mitzuteilen, was direkt mit der Chromatvergiftung in Zusammenhang steht.

Wir konstatierten leicht, daß in einem Drahtkäfig, der sich mit seinem Boden 35 cm über einem Gefäß mit 1000 g Wasser und 500 g Natriumbichromat befindet, sich massenhaft Chromattröpfchen aus der Luft niederschlagen, die mit dem Dampf emporgerissen werden. In vielen Versuchen ermittelten wir, daß, wenn man die oben angegebene Chromatlösung binnen 30—35 Minuten zur Trockne verdampft, der Gehalt der Luft an Chrom im Käfig pro 1000 Liter meist um 1 mg herum beträgt. In 11 Versuchen war 0,6 mg das Minimum, 3,0 das Maximum des Gehaltes.

In diesem Käfig verweilten nun einen Monat lang eine Katze und ein Kaninchen täglich viermal je 25 Minuten, etwas belästigt durch die Wärme, aber auch unverkennbar ein wenig beeinflußt durch den Chromatgehalt der Luft.

Die Symptome der Tiere waren gering: Nasenreiben, Nasenrötung, Augenzwicken, Niesen, Apathie während des Versuchs, ab und zu unter dem Einfluß der Hitze beschleunigte Respiration.

Die Tiere wurden mit Chloroform getötet und ergaben keine deutlichen Veränderungen an Nase, Mund und Bronchien, nur die Septumschleimhaut war etwas geschwollen. Bei der Katze fand sich eine einzelne frische bohnengroße Lungenblutung, die auf die mit Chloroform vorgenommene Tötung zu beziehen war.

Diese Versuchsanordnung dürfte zeigen, daß, wenn ein Arbeiter nur von Zeit zu Zeit mit chromatbeladenen Dämpfen in Berührung kommt, mindestens eine recht lange Zeit dazu gehört, um eine ernste Nasenaffektion zu erzielen—ein Monat reicht dazu nicht aus. Damit stimmen die Erfahrungen von Aufsehern, Fabrikchemikern usw. Der von mir angewendete Gehalt von ca. 1 mg pro 1000 Liter ist dabei als hoch zu bezeichnen, da die Analysen über den Chromgehalt an den Eindampfpfannen der Fabriken nur zwischen 0 und 0,15 mg schwankten (vg. S. 70). Dabei war allerdings vorausgesetzt, daß Katzen und Kaninchen ebenso empfindlich wie der Mensch seien. Daß dies für die Katze gilt, glaube ich nach all meinen Erfahrungen auf das bestimmteste versichern zu dürfen; die Katze scheint den Menschen an Empfindlichkeit eher noch zu übertreffen. Das Kaninchen allerdings erscheint mir fast gegen alle Schädigungen eher weniger empfindlich als der Mensch.

In dieser Voraussetzung habe ich weiter die folgenden Versuche von Herrn Dr. Lauter an Katzen anstellen lassen. Der Chromatgehalt wurde jetzt genau in der Weise hergestellt wie in den Versuchen, die ich mit Saito und Majima angestellt habe, um die Absorption der Salzlösungen in Tröpfchenform durch den Menschen zu studieren. (Arch. f. Hyg., Bd. 75, S. 160.) Die Einrichtung der Versuche war demnach folgende:

Die Versuchseinrichtung (Fig. 11) bestand in zwei liegenden weiten, je 12 Liter fassenden Glaszylindern (A, B), die mit der offenen Seite durch einen gefetteten Schliff aneinander gepreßt wurden. Durch diesen Raum wurde ein Luftstrom (→) gesaugt, der durch eine Gasuhr G gemessen wurde. Dem Luftstrom mischte sich bei F ein Spray bei, der nach dem Buchnerschen Prinzip[1] konstruiert war, alle größeren Tröpfchen flossen durch H zurück, und nur die allerfeinsten Anteile gelangten in den gläsernen Versuchsapparat. Im letzteren stand noch ein kleiner Ventilator V, der elektrisch betrieben wurde, und der zur gleichmäßigen

---

[1] H. Buchner, Arch. f. Hyg., Bd. VIII, 1888.

Mischung der Luft dienen sollte. Die Untersuchung der Luft wurde doppelt vorgenommen, einmal (Probe b) saugten wir aus dem Glaskasten nicht sehr weit von der Eintrittsstelle des Sprays entfernt kontinuierlich eine Probe Luft durch Watte und dann durch eine mit Wasser gefüllte Waschflasche und durch eine Gasuhr. Eine zweite Probe zur Untersuchung (a) wurde dadurch gewonnen, daß der gesamte Gasstrom, welcher den Glasraum passiert hatte, durch eine Waschflasche und dann durch eine mit Baumwolle gefüllte Röhre geleitet wurde. Es zeigte sich bei der Probe a, daß die Waschflasche höchstens die Hälfte des versprayten Körpers aufnahm, und daß sich hinter der Waschflasche in der Watte noch etwa 50 % niederschlugen, umgekehrt ergab sich bei der Untersuchung der Probe b (des kleinen Teilstromes), bei dem die Luft zuerst Watte und dann Wasser passierte, daß die Watte die Tröpfchen absolut vollständig zurückhielt, so daß in der nachgeschalteten Waschflasche gar nichts zu finden war.

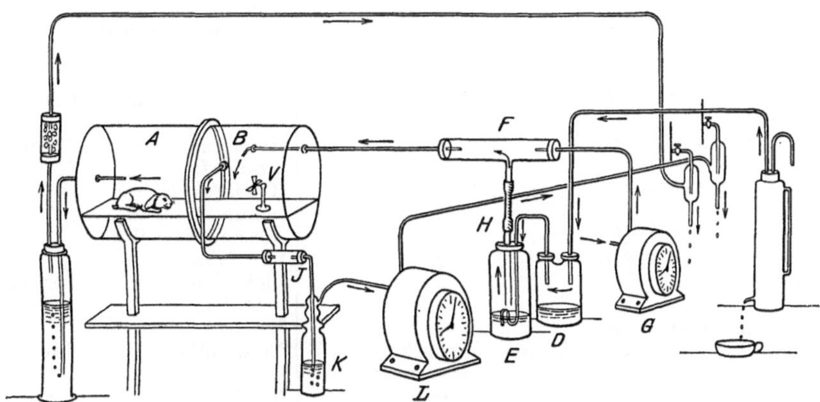

Abb. 11. Kaninchen im Chromatspray.

Das Resultat der Bestimmung in der kleinen Probe und in dem Hauptstrom stimmte meistens befriedigend überein; die wenigen Resultate, wo die Übereinstimmung besonders schlecht war, haben wir aus der Tabelle weggelassen. Fast durchweg war das Resultat der kleinen Probe nicht unerheblich höher als das der größeren; ich erkläre mir dies wohl richtig dadurch, daß die kleine Probe näher am Eintritt des Sprays gewonnen ist, und daß der Hauptstrom schon eine Spur Salz an den Glaswandungen niedergeschlagen hat, ehe er zur Untersuchung kommt.

In diesem mit feinsten Tröpfchen möglichst gleichmäßig imprägnierten Luftstrom verweilten eine Katze und ein Kaninchen täglich 2½—3 Stunden, bei einem Chromgehalt, wie ihn Tabelle 13 angibt.

Der Gehalt von 4—8 mg Chrom entsprechend 11,6—23,2 mg Bichromat in 1000 Liter ist in der Luft absolut nicht zu sehen, dieselbe ist dabei vollkommen klar, die Wände des Glasapparates beschlagen sich nur eine Spur mit gelbem Belag, und zwar erst nach langer Zeit.

Die Wirkung auf die Tiere — die keine deutliche Gelbfärbung der Haut zeigten — war anfangs fast unmerklich, von etwas Niesen abgesehen. Die Tiere saßen möglichst ruhig und stumpfsinnig im Kasten; es fiel auf, daß die Katze viel schlief.

Tabelle 13 gibt eine genauere Übersicht über die Versuche, ich lasse gleich die Sektionsprotokolle folgen.

Tabelle 13.

Lfd. Nr.	Datum	Chrom-gehalt in 1000 Ltr.	Dauer Mi-nuten	Kaninchen 1. Symptome:	Katze 1. Symptome:
1	16. 2.	3,68	140	0	0.
2	17. 2.	3,06	135	0	0.
3	18. 2.	4,05	120	0	Schläft viel.
4	20. 2.	3,85	143	0	Schläft viel.
5	21. 2.	4,39	165	0	Etwas Nasensekret
6	22. 2.	4,57	195	Nase wenig feucht.	Viel Niesen.
7	23. 2.	4,56	180	0	Nase etwas feucht.
8	24. 2.	3,83	200	0	Viel Niesen.
9	25. 2.	8,80	175	0	Viel Niesen.
10	26. 2.	6,16	135	0	Nasensekretion deutlich. Niesen.
11	2. 3.	6,25	150	0	Heftiges Niesen. Wenig Schlaf.
12	3. 3.	4,98	175	Nase mäßig feucht.	Heftiges Niesen. 3 mal eine Art Nieskrampf.
13	4. 3.	4,48	160	0	Niesen, Nasenlecken.
14	5. 3.	5,04	210	0	Viel Niesen.
15	7. 3.	6,81	180	0	Viel Schlaf mit offenem Mund.
16	8. 3.	0,21	130	0	0.
17	9. 3.	4,67	213	Etwas Nasensekret, Schlucken, Kopfschütteln	Niesanfälle. Viel Sekret.
18	10. 3.	5,66	220	0	Niesanfälle. Viel Sekret.
19	11. 3.	5,56	165	0	Nasenrasseln. Niesanfälle. Viel gelbl. Nasensekret, Kopfhängen, Traurigkeit.
20	13. 3.	4,52	180	0	Niesanfälle. Ansaugen von Schleim aus der Nase in den Rachen.
21	14. 3.	7,31	200	Wenig Ablecken der Schnauze.	Viel Schlaf. Reizsymptome wie oben.
22	15. 3.	7,68	175	0	Viel Schlaf. Reizsymptome wie oben. Viel Mundatmung.
23	16. 3.	5,48	195	Läßt Kopf etwas hängen, Nasenschlucken.	Öfters Niesen. Viel Schlaf. Respiration bei hängendem Kopf, viel durch den Mund.
24	17. 3.	6,24	195	Etwas Augentränen	Katze scheint ein wenig frischer, Respiration und Sekretion wie oben.
25	18. 3.	4,72	170	0	Symptome unverändert, Katze matt, hat zum erstenmal nicht ordentlich gefressen.

Lfd. Nr.	Datum	Chrom-gehalt in 1000 Ltr.	Dauer des Tierauf-enthalts	Kaninchen 1. Symptome:	Katze 1. Symptome:
26	20. 3.	8,15	195	Am Naseneingang Schleim und Krusten. Etwas Augensekret. Atmung erschwert.	Katze tot gefunden.
27	21. 3.	7,31	140	Ebenso. Oft Kopfschütteln. Läßt öfters den Kopf hängen.	
28	22. 3.	8,51	170	Ebenso. Etwas Rötung des Augenwinkels.	
29	23. 3.	7,07	165	Ebenso. Etwas Rötung des Augenwinkels.	
30	24. 3.	7,14	155	Zu den übrigen Symptomen gelblich, weißer Nasen-scheidewandbelag.	
31	27. 3.	8,31	185	Größere Schleimmengen in der Nase.	
32	28. 3.	7,46	175	Zustand verändert sich	
33	29. 3.	7,97	195	nicht mehr wesentlich.	
34	30. 3.	6,68	180	Nach Versuch 35 vor-	
35	31. 3.	8,31	180	sichtig mit Chloroform	
36	1. 4.	8,53	180	getötet.	

Katze 2.

Eine zweite Katze ist vom 28. 3. bis 1. 4. 1912, d. h. 5 mal je 3 Stunden bei 6,7—8,5 mg Chrom im Kubikmeter im Apparat gewesen. Sie zeigte am ersten Tag wenig Symptome, nur etwas Flüssigkeitssekretion, am zweiten Tag hängt sie schon den Kopf und stärkere Sekretion ist deutlich, am dritten Tag ebenso, am vierten ist sie auch noch leidlich munter, schläft im Apparat, niest mehrfach. Beim Herausnehmen aus dem Kasten fällt ihre Apathie und etwas beschleunigte Atmung auf. In der Nacht darauf nimmt sie kein Futter an, ist am fünften Versuchstag sehr apathisch, niest viel, vier Tage darauf, während deren sie wegen ihres notorisch kranken Zustandes nicht in den Kasten kommt und teilnahmslos ohne zu fressen daliegt, stirbt sie.

Die Sektion der beiden Katzen und des Kaninchens ergab:

Katze 1. Katze stirbt in der Nacht vom 18./19. 3. 11. — Sektion 36 Stunden nach dem Tod, Tier kühl aufbewahrt.

Äußerlich am Tier nichts zu sehen, das weiß und schwarz getigerte Fell zeigt keine Gelbfärbung.

In der knorpeligen Nasenscheidewand ein fast kreisrundes, weißlichscharf um-randetes ca. 3 mm großes Loch. Nasenschleimhaut des Septums und dér Muscheln mäßig injiziert und mit geringen Mengen Schleim bedeckt.

Kehlkopfschleimhaut von graurötlicher Farbe, kein Geschwür zeigend, mit dünnem eitrigen Schleim bedeckt, der nach unten in der Trachea immer mehr zu-nimmt und in den tiefsten Teilen das Tracheallumens fast ganz ausfüllt!

Von den 6 Lappen der Lungen sind 3 mehr oder weniger stark katarrhalisch-pneumonisch infiltriert, stark vermehrter Blutgehalt, stark verminderter Luft-gehalt; auch besteht stellenweise ein starkes Ödem und vikariierendes Emphysem.

Ein Stückchen Lunge wird zur mikroskopischen Untersuchung abgeschnitten; Schleim wird bakteriologisch untersucht, enthält viel Streptoc. lanceolatus.

Leber und Nieren absolut normal von schön braunroter bzw. rotgrauer Farbe. Darm, Milz und mesenteriale Lymphdrüsen normal.

Tod an katarrhalischer Pneumonie.

Kaninchen am 31. 3. 11 mit Chloroform getötet. — Sektion am 1. 4. 11.
Nasenscheidewand nicht perforiert, aber mit nekrotischer, weißer Schleimhaut belegt, also beiderseits Geschwüre.

Die Mandel links auch mit etwas nekrotischer Schleimhautbedeckung. Starke Trachealhyperämie.

Rechte Lunge ziemlich normal; Unterlappen zeigt vermehrten Flüssigkeitsgehalt, linke Lunge mit stark vermehrtem Blutgehalt und Flüssigkeitsgehalt.

Katze 2. Sektionsprotokoll 5. 4. 11.

Nase wird beiderseits etwas eröffnet. An der Nasenscheidewand zeigen sich mehrere lichtere Stellen mit etwas weißem Belag, anscheinend beginnende Geschwüre.

Kehlkopf sowie Trachea zeigen starken eitrigen Schleim. Kehldeckel stark geschwollen. Trachea stark injiziert. Eitrige Tracheitis. Obere Lungenlappen zeigen starkes Emphysem und Ödem, untere und mittlere Lungenlappen mit stark vermehrtem Blut- und Flüssigkeitsgehalt und vielen Blutungen. Die übrigen Organe ohne Befund. Tod an Bronchopneumonie.

Die Resultate dieser mit Lauter ausgeführten Versuche lassen sich etwa in folgende Sätze zusammenfassen:

An der Katze genügen 5 Tage und täglich 3 Stunden Inhalation von 8 mg Cr in 1000 Litern, um leichte Anätzung des Nasenseptums hervorzubringen; der Tod an Bronchopneumonie bei der Katze Nr. 2 ist wohl nicht als regelmäßige, sondern als auffallend schwere Wirkung der Chromatinhalation aufzufassen.

Katze Nr. 1 zeigt, daß nach etwa 30 dreistündigen Inhalationen von 4—8 mg Chrom pro 1 cbm eine scharfe Perforation des Nasenknorpels bei der Katze auftritt, obwohl von einem bohrenden Finger hier keine Rede sein kann! Das Loch entsteht genau an der gleichen Stelle wie beim Menschen!

Meine beiden Katzen hatten schwere Bronchitiden und starben an Lungenaffektionen. Neue Versuche zur Erzeugung von Perforationen sollen mit schwächeren Chromatdosen angestellt werden, um womöglich größere Nasenperforationen ohne tödliche Lungenkrankheit zu erzielen.

Jedenfalls zeigen aber die Versuche, daß auch im Tierexperiment — entsprechend den Resultaten der menschlichen Statistik — eine entschiedene Chromgefahr für die Atmungsorgane besteht.

Das Kaninchen ist viel widerstandsfähiger wie die Katze gegen die lokale Chromatwirkung auf die Nase. Es kam in 35 Versuchen von drei Stunden nur zu seichten Geschwüren auf Septum und Tonsille, an der Lunge war wenig zu sehen.

———

Eigene Fabrikstudien.

Es lag nicht im Bereich der Möglichkeit, alle deutschen Fabriken, in denen mit Chromat gearbeitet wird, eingehend zu studieren. Doch bestrebte ich mich,

1. in vier möglichst verschiedenen Chromatfabriken,
2. in einer Chromatgerberei nach dem Zweibadverfahren

einen eigenen möglichst zuverlässigen Einblick in die Gesundheitsverhältnisse der Arbeiter zu gewinnen.

Es wurde dabei geachtet:

1. auf das Aussehen, Hautfarbe, Blutreichtum, Muskelentwicklung,
2. auf Chromgeschwüre an der Haut und Nasenschleimhaut,
3. auf Eiweiß- und Chromgehalt des Harns,
4. auf etwaige von den Arbeitern auf allgemeine Fragen geäußerte Klagen.

Mein Hauptbestreben war dabei, die so auffallend abweichenden statistischen Angaben der Fischerschen Tabellen verstehen zu lernen. Ich habe zu diesem Zwecke viel Zeit und Mühe auf Gespräche mit Direktoren, Betriebsführern, Ärzten und vor allem auch Arbeitern verwendet und kann jedenfalls einiges aufklären.

Leider bin ich aber im Folgenden gezwungen, vieles technisch Interessante und hygienisch Bedeutungsvolle in Umschreibungen zu schildern, um dem Wunsche der Fabriken Rechnung zu tragen, ihre Spezialeinrichtungen nicht preiszugeben. Tatsächlich arbeiteten die vier Fabriken, die ich sah, in wesentlichen Punkten verschieden.

1. Meine Studien in der Chromatfabrik A.

a) Technische Notizen.

Die Fabrik ist mittelgroß, schon seit langen Jahren im Betrieb, sorgfältig geleitet, aber, wie dies bei einer älteren Anlage selbstverständlich ist, durchaus keine Musteranlage. Es wäre bei einem Neubau der Fabrik sicher möglich, Verbesserungen zu erzielen.

Das getrocknete Erz wird mit Karren in einen eisernen Einwurf gefahren, der Karren aber erst gekippt, wenn die schrankartigen Türen des Einwurfs verschraubt sind. Das Erz fällt in einen Behälter (Silo), von wo es durch ein Band ohne Ende in eine Kugelmühle geführt wird, die mit starkem Getöse arbeitet. Der aufwirbelnde Staub wird durch einen Ventilator gehoben und durch Säcke abfiltriert. Von der Kugelmühle fällt das staubfein gemahlene Erz in tarierte Wagen, welche mit ihren viereckigen ungefähr 2 qdcm großen Öffnungen an einen Silokasten angeschlossen werden. In ähnlicher Weise wird Ätzkalk gemahlen. Je ein Wagen Erz, Kalk und ein kleinerer mit Soda entleeren sich in eine Schnecke, durch die eine Mischung herbeigeführt wird. Die Schnecke führt darauf unter Zuhilfenahme eines Paternosterwerkes das gemischte Mahlgut zu den Schmelzöfen. Das gemischte Pulver kommt in einen Schmelzofen, wobei nicht die ganze Masse zusammenschmilzt, sondern der Ätzkalk im wesentlichen als fester Körper in dem geschmolzenen chromsauren Natron suspendiert bleibt. Der Kalk soll überhaupt nur den Zweck der Lockerung haben. Die heiße Masse in dem Ofen wird durch ein kleines Fenster mit einer großen Eisenstange (Meißel) etwas durchgerührt; eine sehr anstrengende Arbeit, doch ist der älteste Arbeiter schon seit 32 Jahren in der Fabrik beschäftigt. Es ist zwar heiß, aber in die Arbeitsöffnung zieht es hinein, bläst nicht heraus.

Ist die Schmelze fertig, so wird sie mit einem Kratzer am tiefsten Punkte nach einer Öffnung geschoben, durch welche sie in den Wagen fällt. Die Wagen mit der Schmelze werden gehoben, die Schmelze, welche wie glühender Steinkohlengrus aussieht, ausgebreitet und so weit abgekühlt, daß sie nun direkt in den Extraktor laufen kann.

Dort wird die granulierte Masse in liegenden Zylindern mit Wasser und Zugabe von etwas Soda unter Druck extrahiert, auf eine Filterpresse gedrückt, welche Kalk als Karbonat, Eisen als Eisenoxyd zurückhält, und mit Wasser nachgewaschen. Die verdünnte Lösung wird nun in Eisengefäßen soweit notwendig eingedampft und mit Schwefelsäure in Bichromat verwandelt (s. u.). Dabei entstehen die gelbgefärbten Dämpfe (s. u.). Die Pfanne ist aber so gut ummantelt und ventiliert, daß nur sehr kleine Chromatmengen aus den Schlitzen austreten. Die Chromatlösung wird nun weiter konzentriert und in eisernen Behältern auskristallisieren lassen. Durch langsames Abkühlen erreicht man große Kristalle bis zu 10 cm. Das Salz ist hygroskopisch. Die Mutterlauge wird in eiserne Bassins abgelassen. Das Losbrechen der Chromkristalle von den Wandungen erinnert am meisten an das Eisbrechen. Auf dem Boden des Bottichs steht der Arbeiter mit 1,2 m langem Meißel, der unten etwa 1 dcm breit ist, und haut, auch unter Zuhilfenahme von Holzhämmern, den 12 cm dicken, an weiches Eis erinnernden Chromatbelag weg. Im Kristallisationsraum herrscht eine feuchtwarme Luft; die Arbeiter schwitzen. Von Staubentwicklung keine Rede. Die ganze Masse wird noch in den Kristallisationskasten selbst auf Welschnuß- bis Bohnengröße zerkleinert, durch Zentrifugieren vorgetrocknet und auf eisernen Blechen in einer großen Trockenkammer getrocknet. Die Arbeiter tragen auf den Köpfen die Bleche mit dem getrockneten Chromat einige Stufen empor zu der Breche. Der Einführungsschlitz des Apparates wird nach Einführung des Bleches durch einen Deckel geschlossen und durch einen einfachen Handgriff das Blech gekippt. Einen Augenblick später wird der Schlitz geöffnet und das leere Blech herausgenommen. Ich stehe eine Weile daneben und kann in dem halbdunklen Raume keine deutliche Staubentwicklung wahrnehmen. Die gebrochene Masse fällt nun durch einen Schlauch aus Sackleinwand[1]) in ein mit Papier ausgelegtes gerütteltes Faß. Stäubchen kann ich dabei auch nicht beobachten, obwohl der Sack ziemlich primitiv über das Faß gezogen und gar nicht festgebunden oder gar verschraubt ist. Es erklärt sich dies durch die starke Luftabsaugung aus der Brechvorrichtung. Das fertige Produkt kommt vollständig trocken in den Verkehr.

Auch das Einfüllen der losgebrochenen Chromatkristalle, das Einschaufeln in die Zentrifuge, das Zentrifugieren und Ausschaufeln aus der Zentrifuge vollzieht sich alles ohne nennenswerte Staubentwicklung. Beim Packen und Leeren sind acht Mann beschäftigt. Die Arbeiter scheinen gar nicht davon belästigt. Alle Arbeiter haben Schwämme vor Mund und Nase während der drei Stunden, welche das Packen täglich dauert; man hört nicht husten oder niesen, auch mein Assistent und ich sind ganz unbelästigt ohne Schwämme.

Auf dem Rock meines Assistenten liegen nach 1½ stündigem Zusehen beim Brechen und Packen drei feine Chromatpartikelchen.

b) Chromatgehalt der Luft in A.

Über den Chromatgehalt in den einzelnen Räumen der Fabrik geben folgende eigene Analysen vom 23. 4. 1910 Aufschluß. Es sind alle Luftmengen, die durch die Wasserluftpumpe angesaugt wurden, durch eine Gasuhr genau gemessen, das Chromat wurde auf Wattefiltern aufgefangen, eine hinter dem Wattefilter eingeschaltete Wasserwaschflasche zeigte keine Spur von Chromatgehalt.

In der gleichen Fabrik sind für die mit Herrn Dr. Fischer gemeinsam gedachte Arbeit Analysen von der Fabrikleitung ausgeführt und von Dr. Fischer bereits publiziert und S. 8 u. 9 von mir abgedruckt. Sie stimmen mit meinen eigenen überein, nur sind meine eher niedriger. Viele kleinste Zufälle spielen hier mit — jedenfalls sind diese Chromatgehalte sehr klein gegenüber denen, mit denen ich bei meinen Katzen in 4 Wochen Septumperforation und lebensgefährliche Bronchitis erzeugte (6—8 mg pro 1 cbm).

Aus allen bisher vorliegenden Analysen geht hervor:

1. Gefahrlos muß sein das Zerkleinern des Erzes, das Herstellen der Chromerzmischungen.

2. Die Luft wird nicht verunreinigt im Chromatschmelzraum, doch ist auch dort durch das herumliegende Chromatgut Gelegenheit genug geboten, um die Schleimhäute zu ätzen.

3. Das Einfüllen der erkalteten Schmelze in die Extraktoren kann Chromatstaub in die Luft bringen: 5 mg, ja 30, 43, 108 mg beim Ein-

---

[1]) Ehemals fand das ganze Packen ohne Maschine und Staubabsaugung statt.

Tabelle 15.

Absaugungen mit Watte. Werk A. Eigene Versuche.

Nr.	Entnahmestelle	Liter Luft	mg. Chrom		EntnahmeDauer	Also Natriumbichromat pro 1000 L.
			gefund.	pro 1000 L.		
1	Neben Packmaschine . . .	589	0,12	0,2	½ Std.	0,6
2	„ „ . . .	140	0,07	0,50	—	1,5
3	Am Eindampfapparat, aus dem manchmal beim Öffnen der Türe Dampf strömt	200	0,025	0,125	—	0,37
4	An einem anderen Eindampfkessel während des Schöpfens in nächster Nähe	200	0,03	0,15	—	0,45
5	Bei der Zentrifuge während des Zentrifugierens . . .	200	0,025	0,125	—	0,37
6	Im Trockenraum während des Ausräumens	407	0,04	0,1	—	0,3

füllen der regenerierten Schmelze in einem von Fischer untersuchten Werk; sie kann aber auch ohne Luftverunreinigung verlaufen. Werk A sieben Analysen!

4. An den Chromateindampfpfannen werden Mengen von 0,50 bis 1,88 mg gefunden. Im allgemeinen ist der Gehalt jedenfalls sehr klein, da die Ventilation gut ist. In A fand man siebenmal Null. Aber während des Ausschöpfens, beim Öffnen der Türen usw. kommen doch nach den eigenen Analysen vorübegehend Werte bis 0,5 mg Chromat im Kubikmeter zur Wirkung.

5. Im Kristallisationsraum ist keine Gelegenheit für Chromatverstäubung gegeben; doch bedingen die feuchten Chromatkristalle direkte Ätzgefahren für die Haut und die Augen.

5a. 6,3—3,3 mg beim Zerkleinern der großen Kristalle — ob vor oder nach dem Trocknen bzw. Zentrifugieren.

6. An den Zentrifugen fand ich 0,37; in A sind früher 0,63, 1,5, 1,9 mg gefunden.

7. Im Trockenraum hat Heise 48 mg gefunden, wir nur 0,3 in A. Bei Heise scheint ein Sieben des getrockneten und zerkleinerten Salzes im Raum ohne Schutz die enorme Zahl zu erklären — während, wie ich es sah, bloß Bleche mit dem getrockneten Material aus dem Schrank herausgenommen und weitergetragen werden.

8. Im Packraum und Mahlraum sind von uns 0,6 und 1,5 in A, von Heise 0,24 mg gefunden.

Die größte Luftverunreinigung wird also durch unvorsichtiges, unventiliertes Einfüllen von staubenden Chromatmassen herbeigeführt. Zahlen bis 140 mg Chromat pro 1000 Liter kommen immer noch vor.

Wir selbst haben nicht über 1,5 mg Chromatstaub pro 1000 Liter gefunden. Dabei ist zu bedenken, daß diese Staubmengen den Arbeiter meist nur ½—4 Stunden lang treffen, und daß während dieser Zeit feuchte Schwämme vor dem Mund nicht nur getragen werden sollen, sondern auch tatsächlich (ob immer?) getragen werden.

Der Chromatgehalt der Dämpfe ist kleiner, als man vermuten möchte, sie werden in gut geleiteten Fabriken fast vollkommen entfernt und dürften heute selten den durchschnittlichen Chromatgehalt der Luft am Kessel über 0,5 pro Kubikmeter steigen lassen.

Hier seien auch einige Versuche mitgeteilt, um zu bestimmen, welche Chromatmengen durch Mundschwämme und Wattenasenpfröpfe abgefangen werden können.

Arbeiter B. hat um 12 Uhr gegessen und, nachdem er sich nachher (statt vorher) gewaschen, um 1 Uhr die Arbeit im Packraum aufgenommen, die trockene Masse aus der Trockenkammer zur Packmaschine zu tragen. 2,15 Uhr von der Arbeit weggerufen, folgender Befund: 2 Wattepfröpfchen, die in der Nase steckten, sind in ihren äußeren Teilen blaßgelb, im Innern unverfärbt. Im Speichel kein Chromat zu sehen. Trägt Schwamm vor Mund und Nase, was er nicht anstrengend und leicht durchführbar findet.

Tabelle 16.

Arbeiter - Mund - Schwämme aus dem Packraum.

Nr.	Arbeiter	Schwamm				mg Chrom gefunden	pro 1 cbm
		Länge cm	Breite cm	Dicke cm	Tragzeit		
1	B	13	9	4	1¾ Std	13,5	15,4
			468 cm				
2	D	11	11	3,5	1¾ Std.	9,8	11,2
			424 cm				

Tabelle 17.

Arbeiter - Nasen - Pfröpfe.

Nr.	Arbeiter	Tragzeit in Stunden	mg Chrom gefunden	Arbeitsraum	pro 1 cbm
1	B	1¼	0,15	Pack-	0,24
2	H	1¼	0,50	Pack-	0,8
3	O	1	0,1	Lösungs-	0,2
4	V	2¼	0,13	Lösungs-	0,1
5	W	1¼	0,15	Pack-	0,24

Gesichts - Wischung.

1	B	—	0,15	—	—

Es ist nun die Frage, ob diese Mengen bedeuten, daß sie eingeatmet bzw. aufgenommen worden wären, wenn die Schwämme und

Pfröpfe nicht getragen worden wären, bzw. ob man durch Division der gefundenen Mengen durch die im Intervall geatmete Luft den Gehalt der Luft an Chromat finden kann.

Nehmen wir 500 Liter als Respirationsmenge eines Menschen pro eine Stunde an, so ergibt sich aus den Versuchen mit Mundschwämmen ein Gehalt von 15,4 bzw. 11,2 mg pro 1000 Liter. Diese Zahlen sind nach Tabelle 15 sicher zu hoch. Die Luft enthält nicht über 1,5. Der Fehler kommt offenbar daher, daß auf die Schwammoberfläche (von ca. 120 qcm) beim Tragen der Bleche usw. wesentlich mehr Chromat niederfällt, als eingeatmet worden wäre, namentlich wohl auch einzelne unflugfähige Körnchen.

Die Nasenpfröpfe ergeben nur Gehalte von 0,1—0,2 mg im Lösungsraum und von 0,2—0,8 im Packraum in 1 cbm. Diese Chromatmengen sind befriedigend klein, könnten allerdings auch zu viel kleineren Luftmengen gehören und bedeuten, daß nur ein Teil des Respirationsstroms durch die Nase geht.

Daß die Luft nur geringe Mengen von Chromatstaub enthält, habe ich auch durch die folgende Untersuchung (Tabelle 18) ermittelt.

Tabelle 18.
Aufgespannte Filtrierpapiere.

Nr.	Entnahmestelle	Zeitdauer in Stunden	Größe des Papiers	mg Chrom	
				gefunden	auf 1 qm und 1 Std.
1	Trockenraum, in der Arbeitspause von 4,30 mittags bis 6 morgens	13½	57 × 57 = 3250 qcm	0,8	0,15
2	Trockenraum während des Abräumens	1¼	57 × 57 = 3250 qcm	2,4	6,0

Auch diese Zahlen sind ziemlich bescheiden und nicht ausreichend, den Chromatgehalt der Arbeitsschwämme zu erklären, wenn wir nicht annehmen, daß gröberer Chromatstaub auf die Schwämme aus den Blechen fällt.

c) Gesundheitsverhältnisse der Chromatarbeiter in A.

Ich konnte in A unter liebenswürdiger Unterstützung der Ärzte 64 Arbeiter untersuchen; es fehlten nur ganz wenige an der Gesamtzahl aller Arbeiter. Ich gebe den Befund in folgenden Tabellen.

Tabelle 19.

Nr.	Name Alter	Im Betrieb	Beschäftigung	Allgemein-zustand	Narben	Nase	Urin
1	F. S. 50	21 J.	Aufseher	—	An Händen und Vorderarmen keinerlei Narben.	Nasenscheidewand nach r. verbogen, alte, gut überhäutete Perforation von ca. 1 cm Durchmesser. Perforation außergewöhnlich weit hinten; keinerlei Beschwerden, schnupft nicht, keine Watte.	
2	J. W. 47	19 J.	Aufseher	kräftig	An den Händen und Vorderarmen einige kleinere Narben.	Große alte Perforation, 2 cm groß.	
3	F. K. 28	1 J.	Ofen	kräftig, gut genährt	An den Händen und Vorderarmen nur 3 kleine, gut geheilte Narben, am Bauch keine.	Scheidewand nach rechts verbogen, beim Durchblasen r. Nasenloch leidlich durchgängig, auf der r. Seite ganz oberflächlich. graues Geschwür, nur Epithel verändert, links ziemlich weit hinten, $2\frac{1}{2}$ cm vom Naseneingang, ein Geschwür, erbsengroß, tiefer als rechts. Schnupft Tabak, wendet keine Watte an. Klagt über keinerlei Beschwerde in der Nase.	
4	F. R. 44	5 J.	Ofen	kräftig	An den Händen wenige kleine, glatte Narben, ebenso an den Vorderarmen, am Bauch keine Narben.	Nasenscheidewand nach links verbogen, links kein Geschwür, r. oberflächliches Geschwür von Erbsengröße. R. hat keinerlei Beschwerden, schnupft, trägt keine Watte.	
5	G. O. 25	1 J.	Ofen	kräftig	An den Händen keine, an den Vorderarmen einige kleine Narben. Am Bauch nichts.	Perforation von $\frac{3}{4}$ cm Durchmesser, hinterer Rand mit Schorf bedeckt, klagt bei kaltem Wetter über Schmerzen in der Nase; schnupft.	
6	H. F. 25	$\frac{1}{2}$ J.	Ofen	kräftig	An den Händen mehrere gut geheilte Geschwüre, Vorderarme nichts.	Perforation oval, längster Durchmesser von vorn und hinten 1,5 cm, von oben und unten 1 cm. Perf. hinterer Rand schwarz gefärbt durch Schnupftabak, sonst gut überhäutet. Trägt keine Watte; schnupft; hat keinerlei Beschwerden.	

Nr.	Name Alter	Im Betrieb	Beschäftigung	Allgemein-zustand	Narben	Nase	Urin
7	R. E. 56	10 J.	Ofen	kräftig	An der r. Hand 2 kleine Verbrennungsnarben durch glühende Kohle, sonst keine Narben, Vorderarm eine kleine.	Große Perforation, 2 cm Durchmesser, gut überhäutet. Keinerlei Beschwerden in der Nase, schnupft nicht und trägt keine Watte.	
8	W. B. 32	3 J.	Ofen	kräftig	An den Händen mit Mühe einige kleine Narben zu erkennen, ebenso am Bauch.	R. kein Geschwür, links kleine, oberflächliche graue Stelle, keinerlei Beschwerden, schnupft nicht.	
9	J. F. 32	1 J.	Ofen	groß, kräftig; Thorax schmal	An den Händen und Vorderarmen keinerlei Narben.	Perforation groß, etwa 1,5 cm im Durchmesser, gut überhäutet, hinterer Rand gelblich, infiltriert.	
10	J. U. 30	1 J.	Ofen	kräftig	An den Händen keine, an den Vorderarmen ca. 6 größere Narben, erbsengroß. Am Bauch nichts.	R. kleines Geschwür, am vorderen oberen Rand kleine, für Sondenknopf durchgängige Perforation, links nur die kleine Perf. sichtbar, sonst kein Geschwür; unten polypöser Auswuchs, mit 2 kleinen gelben Geschwüren bedeckt. Beide Nasenhöhlen für Luft gut durchgängig. Klagt über keinerlei Beschwerden, schnupft nicht, trägt keine Watte.	
11	W. M. 35	9 J.	Ofen	Gut genährt, kräftig	An den Händen kaum etwas zu sehen.	Gewöhnliche große, gut überhäutete Perforation.	
12	E. G. 44	6 J.	Ofen	stark, kräftig	War schon in allen möglichen Betrieben, und die vielen Narben an seinem Körper datieren größtenteils aus der Salpetersäurefabrikation. Beide Arme stark mit Salpetersäure verbrannt.	Großes, altes, gut überhäutetes Geschwür in der Nase. Rätselhaft woher. Hat nie etwas in seiner Nase gemerkt.	
13	A. S. 34	1 J.	Ofen	gut genährt, kräftig	An den Händen ganz spärliche, gut geheilte Narben. Am übrigen Körper nichts.	Schleimhaut etwas blasser; auf der sonst von den Geschwüren eingenommenen Stelle liegt etwas Kohlenstaub.	

Nr.	Name Alter	Im Betrieb	Beschäftigung	Allgemein-zustand	Narben	Nase	Urin
14	P. S. 34	7 J.	Ofen		Überhaupt kein Geschwür an den Händen.	In der Nase ziemlich große Perforation, am hinteren Rande noch gelblich belegt.	
15	V. D. 33	5 J.	Ofen	mittelkräftig, gut genährt	An beiden Händen je eine Narbe. Am Körper sonst nichts.	Große Perforation, am unteren Rande noch etwas Schorf.	
16	J. W. 46	2 J.	Ofen	kräftig, gut genährt	An den groben Händen nichts zu sehen.	Auf der linken Seite ein ganz kleines oberflächliches Geschwürchen. Schnupft stark.	
17	E. D. 28	2 J.	Ofen	kräftig und gut genährt	An den Händen ganz wenige Narben, an den Vorderarmen auch nur 2 oder 3.	Geschwür in der Nase auffallend weit hinten. Von der linken Seite aus erscheint es mehr spaltförmig, vielleicht nur durch Wulstung der Ränder. Rechter Nasengang etwas weiter.	
18	W. R. 46	9 J.	Ofen	kräftig	Kein Geschwür an den Händen.	Alte Perforation.	
19	A. M. 39	1 J.	Ofen	kräftig	Kein Geschwür an den Händen.	Alte, große, sehr deutliche, gut überhäutete Perforation.	
20	Sch. O. 25	2 J.	Ofen	kräftig	Kein Geschwür an den Händen.	Oberflächliches Geschwür im rechten Nasenloch sehr deutlich.	
21	J. H. 38	14 J.	Ofen	sehr kräftig	Kein Geschwür an den Händen.	Alte Perforation.	
22	J. Th. 47	2 J.	Ofen	kräftig	Keine Narben an den Händen und Vorderarmen.	Sehr große alte, gut überhäutete Perforation.	
23	Ch. T. 33	2 J.	Ofen	kräftig		Kleines Geschwür auf der rechten Seite der Nase, auf der linken Seite tieferes Geschwür.	
24	S. B. 46	10 J.	Ofen	kräftig	Keine Geschwüre oder Narben an den Händen.	Geschwür an der Nase zweifelhaft.	
25	M. V. 38	14 J.	Lösungs-raum	groß, kräftig, gut genährt	An den Händen und Vorderarmen einige kleine Narben.	Nasenscheidewand zeigt große, alte Perforation, deren hinterer Rand gelblich infiltriert ist.	

Nr.	Name Alter	Im Betrieb	Beschäftigung	Allgemein-zustand	Narben	Nase	Urin
26	M. O. 30	1 J.	Lösungs-raum	groß, kräf-tig, blaß	An den Händen und Vorder-armen, besonders in der Ellen-bogengegend einige kleinere Narben. Am Bauch 5—6 klei-nere Narben.	Große Perforation, vorn gut überhäutet, hinterer Rand gelb infiltriert; klagt bei kaltem Wetter über Beschwerden durch die Perforation; schnupft nicht, trägt Watte.	
27	G. G. 28	1 J.	Lösungs-raum	kräftig	An den Händen und Vorder-armen kleinere Narben. Am Rücken Akne.	Perforation erbsengroß, mit erhärtetem Schleim verschlossen. Schnupft nicht, trägt Watte, in der Nase keinerlei Be-schwerden.	
28	H. R. 52	17 J.	Lösungs-raum	für sein Al-ter gut ge-nährt		Alte Perforation.	
29	M. R. 33	2 J.	Lösungs-raum	kräftig, ge-sund	An den Händen und Vorder-armen ziemlich zahlreiche gut verheilte Narben.	Kleines, sich sehr scharf abhebendes Ge-schwür rechts.	
30	K. V. 33	1 J.	Lösungs-raum	kräftig	An den Händen einige wenige gut geheilte Geschwüre, ein kleines frisches. Am übrigen Körper nichts.		
31	A.Sch. 29	3 Mon.	Laugerei	gut genährt, kräftig	An den groben Händen je 10 größtenteils gut geheilte Ge-schwüre; ein noch frisches, das sehr heftig schmerzt.	An der Nasenscheidewand Schleimhaut etwas gerötet, aber kein Geschwür.	
32	G. K. 30	9 J.	Laugerei	kräftig, gut genährt	An den Händen und Vorder-armen einige kleine, gut ge-heilte Narben; sonst nichts.	Runde Perforation von ungefähr 1 cm Durchmesser, rotem Rande und etwas Schleimbelag.	
33	F. E. 33	1 J.	Laugerei	groß, mitt-lere Er-nährung	An beiden Händen je ein Ge-schwür.	In der Nase mittelgroßes Geschwür mit gelben Rändern und Grund, noch nicht perforierend. Das Geschwür brennt und juckt. Watte lindert das Jucken, stört aber die Atmung.	

Nr.	Name Alter	Im Betrieb	Beschäftigung	Allgemeinzustand	Narben	Nase	Urin
34	A. B. 45	1 J.	Laugerei	abnorm behaart; kräftig	An den Händen und Vorderarmen etwa 10 kleine Narben.	Hat in seiner Nase noch nie das geringste gespürt. Will absolut nichts von der Schädlichkeit des Chroms wissen. Indes seit Mai mittlere Perforation.	
35	P. H. 39	6 J.	Laugerei	kräftig	An den Händen wenige gut verheilte Geschwüre, ein frisches, auf der Schulter eine ½ cm breite, blasse, dünnhäutige Narbe eines Geschwürs. Am Bauch nichts.	In der Nase großer, alter, gut überhäuteter Defekt.	
36	J. Sch. 32	7 J.	Eindampfraum	kräftig, gut genährt	An den Händen und Vorderarmen einige glatte Narben, ebenso am Bauch.	Trat am 21. 4. 02 in den Betrieb ein; im September 1902 wurde eine Perforation konstatiert. Befund am 30. 10. 09: Große alte Perforation, deren hinterer Rand gelblich infiltriert ist; hat keinerlei Beschwerden, schnupft nicht, trägt Watte.	
37	J. F. 30	½ J.	Eindampfraum	kräftig	An den Händen ca. 20 kleinere Narben, am r. und l. Zeigefinger je ein kleines, frisches Geschwür, am Bauch 2 kleinere Narben.	Perforation 1 cm Durchmesser, vorne gut überhäutet, hinten noch etwas infiltriert. Keinerlei Beschwerden, schnupft nicht, keine Watte.	
38	K. H. 41	14 J.	Eindampfraum	nicht sehr kräftig	An den Händen mehrere Narben, ebenso an den Vorderarmen, die beiden kleinen und der rechte Ringfinger stehen in Kontraktur. Am linken Ringfinger frisches, 5 Pfennig großes Geschwür.	Große Perforation. Keinerlei Beschwerden, schnupft viel, soll dadurch bedeutende Erleichterung haben, da sich ohne Schnupfen schwer abzulösende Borken bilden.	

Nr.	Name Alter	Im Betrieb	Beschäftigung	Allgemein-zustand	Narben	Nase	Urin
39	L. S. 29	½ J.	Eindampf-raum	kräftig	An den Händen und Vorder-armen viele kleine Narben, am rechten Ring- und kleinen Finger kleines, frisches Ge-schwür.	Nasenscheidewand nach links verbogen, für Luftstrom linkes Nasenloch leidlich durchgängig, an der linken Nasen-scheidewand kein Geschwür, rechts da-gegen ein tiefes Geschwür von erbsen-großer Ausdehnung; schnupft, keine Watte, keïnerlei Beschwerden.	
40	J. K. 31	1 J.	Eindampf-raum	kräftig	An den Händen und Vorder-armen mehrere kleine Narben, am Bauch nichts.	Große, alte Perforation; keinerlei Be-schwerden, schnupft, keine Watte.	
41	J. M. 59	14 J.	Eindampf-raum	mittelkräf-tig, gut ge-nährt	An den Händen nur mit beson-derer Aufmerksamkeit ganz wenige kleine Narben zu fin-den. Conjunctivitis am linken Auge, wo ihm ein kleines Körnchen Chromat hineinfiel.	Alte, große, gut überhäutete Perforation.	
42	J. B. 28	1 J.	Eindampf-raum	kräftig	An jeder Hand etwa 5 gut aus-geheilte Narben; an dem un-teren Teil des rechten Vorder-armes etwas mehr. Auf der Schulter eine große Narbe; dieselbe soll entstanden sein, weil heiße Chrombrühe auf den Kittel lief und Zeit hatte, einige Stunden einzuwirken. Es wurde erst bemerkt, als es biß. Am Bauch etwa 6—8 kleine Narben.	Große, noch ziemlich frische Perforation mit grau-grünlichem Rande auf der hinteren Seite. Höhe etwa 1 cm, Breite ½ cm.	
43	R. W. 35	18 J.	Eindampf-raum	Sehr kräf-tig, gut ge-nährter Mann	Die Hände tadellos; nur einige kleine Narben. Als Vorarbei-ter wäre er für weitere Spezial-auskünfte zu befragen.	Ausgeheilte Perforation seit 10 Jahren.	

Nr.	Name Alter	Im Betrieb	Beschäftigung	Allgemein- zustand	Narben	Nase	Urin
44	A. K. 35	1 J.	Eindampf- raum	kräftig	Kein Geschwür.	Kleine spaltförmige Perforation auf der rechten, viel deutlicher auf der linken Seite. Linkes Nasenloch wesentlich weiter.	
45	G. W. 37	1 J.	Eindampf- raum	sehr kräftig	An den Händen so gut wie nichts.	Großes altes Geschwür in der Nase.	
46	J. Sch. 46	15 J.	Eindampf- raum	kräftig	An den sehr derben Händen etwa 6 Narben.	Alte Perforation.	
47	J. O. 42	6 J.	Eindampf- raum	kräftig, gut genährt	An den groben Händen je 6 gut geheilte Narben, vereinzelte an den Vorderarmen; am Bauch 6—8 Narben aus der Anfangsbeschäftigung.	Seit 1904 Perforation.	
48	L. R. 59	16 J.	Eindampf- raum	kräftig. Vorsichtiger, intelligenter Arbeiter. Hat zuweilen beim tiefen Atemholen etwas Schmerzen in der Luftröhre, die aber schon vor seiner Beschäftigung im Chrom auftraten.	An den Händen zahlreiche kleinere Narben, nichts Frisches.	Ausgeheilte große, vollständig überhäutete Perforation.	
49	E. R. 57	16 J.	Eindampf- raum		An den Händen und Vorderarmen ca. 50 durchweg gut geheilte kleinere Narben. Haut des übrigen Körpers tadellos.	Große, gut verheilte Perforation.	

Nr.	Name Alter	Im Betrieb	Beschäftigung	Allgemein-zustand	Narben	Nase	Urin
50	L. L. 33	9 J.	Eindampf-raum	sehr kräftig	An den Händen so gut wie nichts zu sehen; ebenso am Bauch nichts. Ein $2\frac{1}{2}$ cm im Durchmesser breites rotes, $1\frac{1}{2}$ Jahr altes Geschwür auf dem r. Schulterblatt durch einen Spritzer der heißen gelben neutralen Lauge auf die unverletzte Haut.		
51	H. G. 29	3 J.	Eindampf-raum			Die Perforation wurde am 14. 3. 07 zuerst konstatiert, jetzt erbsengroß, gut überhäutet. Hat keine Beschwerden, schnupft, trägt Watte.	
52	Ph. K. 37	1 J.	Laugerei		An den Händen je 10—15 kleinere Narben, alle gut verheilt. Auffallend ist der rechte Unterarm, der ca. 25 kleine, noch deutlich rote Narben zeigt. Der Arbeiter griff mit von Hemd bekleidetem Arm in ein Rohr, um es zu reinigen. Der Arm war ein bißchen wund, und es entstanden dann die vielen Geschwüre; kein großes Geschwür.	Auf beiden Seiten der Nasenscheidewand nur ganz oberflächliche Ätzungen.	
53	J. G. 31	7 J.	Eindampf-raum	kräftig gut gebaut	An den Händen mit Mühe einige kleine Narben zu sehen. Starker Handschweiß. Am übrigen Körper nichts. Ziemlich starke Akne am Rücken.	Nasenscheidewand leicht gerötet, leichter grauer Belag.	

Nr.	Name Alter	Im Betrieb	Beschäftigung	Allgemeinzustand	Narben	Nase	Urin
54	K. W. 39	16 J.	Packraum	kräftig, gut genährt	An den Händen und Vorderarmen sehr zahlreiche Narben. Am rechten Ellenbogen frisches Geschwür, am Bauch ebenfalls sehr zahlreiche, gut verheilte Narben, größte 3 cm lang, 2 cm breit.	Große, alte Perforation, 2 cm im Durchmesser. Keinerlei Beschwerden.	
55	F. H. 36	½ J.	Packraum	kräftig	An den Händen und Vorderarmen mehrere kleinere Narben, am Bauch ebenso.	Nasenscheidewand stark nach rechts verbogen, so daß die Atmung auf der rechten Seite behindert ist. Einatmen rechts fast unmöglich, Ausatmen etwas besser. R. an der Scheidewand keinerlei Geschwür, links dagegen kleines Geschwür. Keinerlei Beschwerden, schnupft.	
56	J. R. 26	2 J.	Packraum	kräftig	An den Fingern mit Mühe 3—4 kleine Narben zu finden. Am Bauch etwa 10 gut geheilte Geschwüre aus dem Anfang der Arbeitszeit.	In der Nase eine 1 cm lange ausgeheilte Perforation. Hat die Nase beim Arbeiten mit Watte verstopft. Wenn er die Watte wegläßt, muß er niesen. Behandelt alles vorsichtig.	
57	A. O. 40	14 J.	Packraum	Mäßig kräftig gebaut, gut genährt	Trotz 10 jähriger Arbeit am Kristallisationskasten nur mit Mühe an den Händen und Vorderarmen 6 ganz kleine Narben zu entdecken, eine einzige etwas frisch. Etwas größere Narben an beiden Ellbogen. Der Kittel scheuerte die Haut ein bißchen, und es kam etwas Chrom hinein. Am übrigen Körper gar nichts.	Große alte totale Perforation, ausgeheilt.	

Nr.	Name Alter	Im Betrieb	Beschäftigung	Allgemein-zustand	Narben	Nase	Urin
58	G. D. 25	1 J.	Packraum	gut genährt, kräftig	An den Händen eine große Anzahl von meist gut ausgeheilten Geschwüren, ca. 46 Stück. Die Handschuhe scheuern manchmal die Haut wund. Am Bauch etwa acht ca. 1 cm große verschorfte Geschwüre mit dunkelrotem Rand u. hellem bis schwarzem Innern. Sie kommen von kleinen Scheuerungsstellen, die beim Bücken u. Schwitzen entstehen. Die Geschwürchen sind an der Stelle, wo Hosenbund und Schürzenband das Fallen der Körnchen verhüten.	In der Nase ein eminimale, ca. 2 mm lange Perforation, gut überhäutet.	
59	J. E. 47	21 J.	Packraum	etwas älter aussehend, kräftig	Hände tadellos; mit Mühe höchstens 10 kleine alte Narben an den Fingern, aus seiner Anfangszeit. Am Bauch etwa 12 kleine, alte Narben. Jetzt passiert ihm nichts mehr.	Große Perforation von 1—1½ cm Durchmesser, ganz ausgeheilt. Nicht mehr empfindlich gegen Chromatstaub. Schnupft.	
60	K. N. 29	1 J.	Packraum	gut genährt, kräftig	An beiden Händen zusammen etwa 25 größere und kleinere, meist ganz kleine Narben. Kein frisches Geschwür. Am Bauch auch noch 25 durchweg gut geheilte, teils noch rötliche, teils blasse Narben. Alle aus seiner Anfangszeit. Nachts läßt er seine klein. Verletz. offen, morg. nimmt er wasserdicht. Pflaster.	Perforation 1 cm im Durchmesser, gut überhäutet. Schnupft.	

Nr.	Name Alter	Im Betrieb	Beschäftigung	Allgemein- zustand	Narben	Nase	Urin
61	H. B. 34	1 J.	Packraum Akkordarbeiter, d. h. er arbeitet eine Woche an den Kristallisationsbehältern und trägt das Produkt zur Zentrifuge. In der nächsten Woche zentrifugiert er und trägt das Material in die Trockenkammer. In der 3. Woche holt er das Material aus der Trockenkammer und trägt es dem Zerkleinerungsapparat zu. Die letzte Arbeit ist weitaus die schlimmste. Bei dem Herausholen d. Bleche aus der Kammer, wobei er sie auf d. Kopf hebt, staubt es deutlich. Das Beschicken der Mühle selber findet er nicht unangenehm.	gut genährt, kräftig	An den Händen 3 noch gepflasterte, ausheilende, kleine Geschwüre. Zirka 10 ältere, durchaus kleine Narben an den Händen, auch an Vorderarmen etwa 3—4, am Hals 4 deutliche und ca. 10 zweifelhafte kleine Narben, am Bauch ca. 20 Narben, die größte 2 cm im Durchmesser, vier andere 1—½ cm, dünnhäutig, weiß, mit nicht infiltriertem Rande. Die Narben stammen alle aus der ersten Zeit, jetzt ist er vorsichtig und wird kaum mehr belästigt. Beide Augen zeigen Conjunctivitis, rechts leicht, links mittelschwer, weil ihm gestern ein Bröckchen hineinflog.	In der Nase große Perforation, 1,2 cm im Durchmesser, Vorderrand abgeheilt, hinterer Rand graugelblich belegt. Im Anfang beim Entstehen der Geschwüre leichte Schmerzen, namentlich wenn die Kälte einwirkt, Einstopfen von trockener Watte brachte Erleichterung. Jetzt wird er nur noch in der Nase belästigt, wenn er Chromstaub hineinbringt. Dann brennt es heftig; er wäscht dann die Nase aus und stopft Watte hinein. Trägt beim Packen einen feuchten Schwamm. Wer empfindlich ist, trägt an der Zentrifuge auch etwas Watte in der Nase, aber keinen Schwamm. Empfiehlt Hamburger Pflaster als Heilmittel. Kein Bronchialkatarrh.	
62	C. R. 19	1 J.	Mühlen	kräftig	An den Händen nichts.	Große, gut überhäutete Perforation.	
63	A. F. 32	4 J.	Mühlen	kräftig	An den groben Händen einige Narben, die nur mit Mühe zu sehen sind und größtenteils nicht von Chrom herrühren sollen. Am übrig. Körper nichts.	In der rechten Nasenhöhle Andeutungen einer Schleimhautätzung.	

Nr.	Name Alter	Im Betrieb	Beschäftigung	Allgemein-zustand	Narben	Nase	Urin
64	J. St. 34	2 J.	Mühlen	gut genährt	An den besonders grobhäutigen Händen keine deutlichen Chromgeschwüre wahrzunehmen, bei genauem Suchen findet man ganz vereinzelte Narben. Sie datieren aus der Zeit seiner Beschäftigung in der Kristallisation. Hat $\frac{1}{2}$ Jahr im Packraum gearbeitet u. gleichzeitig verschiedene Geschwüre bekommen, die ihn zur Aufgabe dieser Arbeit zwangen. Auffallend zarthäutiger Körper; zeigt die größte von mir gesehene Chromnarbe am Ende des rechten Schulterblattes; dieselbe ist dünnhäutig, $3\frac{1}{2}$ cm lang und an der breitesten Stelle 2 cm breit. Äußerer Rand der Narbe blaß, innen rot. Sonst noch andere Narben an Bauch und Vorderarmen. Die Geschwüre taten recht weh, sind aber gut ausgeheilt.		

Aus diesen Tabellen ergeben sich für die Nasenbeschaffenheit folgende Ergebnisse, die bereits Material für eine medizinische Dissertation geliefert haben. Ich lasse die tatsächlichen Ergebnisse zum Teil wörtlich folgen.

Tabelle 20.

Ergebnisse der Tabelle 19. Nasenbefund.

Beschäftigung	Zahl	Alter				Im Chrombetrieb			Nase		Perforation entstanden in				Summa
		19—30	30—40	40—50	50—60	1—12 Mon.	1—10 Jahr	10—21 Jahre	gesund	Geschwür	1—6 Mon.	6—12 Mon.	1 Jahr und länger	unbestimmt	
Aufseher	2			1	1			2						2	2
Öfen	22	5	10	6	1	3	14	5		8	9	4		1	22
Lösungsraum . . .	6	1	4		1		3	3		2	2	1		1	6
Filterpressen . . .	5	1	3	1		3	2		1	1	1	1	1		5
Eindampfraum . .	18	2	10	3	3	4	8	6		3	8	1	1	5	18
Packraum	8	3	3	2		1	4	3		1	4			3	8
Mühlen	3	1	1			1	2			1	2				3
Summa:	64	13	32	13	6	12	33	19	1	16	26	7	2	12	64

Von den 64 Arbeitern hatte nur einer (Nr. 31) kein Geschwür an der Nasenscheidewand. Es konnte sich bei ihm kein Geschwür entwickeln, weil er wegen seiner Polypen nicht durch die Nase atmet. Am 8. 1. 1910 war bei ihm noch derselbe Befund wie am 30. 10. 1909.

Alle übrigen 63 Arbeiter hatten Geschwüre an der Nasenscheidewand, und in 47 von diesen Fällen hatte das Geschwür zur Perforation geführt. In 26 Fällen war die Perforation in 1—6 Monaten entstanden, in 7 Fällen in 6—12 Monaten, und in zwei Fällen hatte es länger als ein Jahr gedauert, bis die Perforation zustande kam.

In zwölf Fällen war die genaue Zeit des Eintritts der Perforation nicht mehr zu ermitteln, weil von 1888—1897 regelmäßige Untersuchungen der Arbeiter nicht stattfanden. Diese 12 Fälle sind in der Übersicht als unbestimmt bezeichnet; es ist aber wohl anzunehmen, daß auch in diesen 12 Fällen die Perforation ebenso rasch entstanden wie in den übrigen Fällen.

Drei Fälle von den in der Übersicht als „ohne Perforation" Angeführten waren erst wenige Monate im Betrieb; es ist also nicht sicher, ob sie ohne Perforation bleiben werden. Zieht man diese drei Fälle noch ab, so hatten von 61 Arbeitern 14 keine Perforation, d. h. 23,0.

Von den 64 Arbeitern gehörten

13 zu der Altersklasse von 19—30 Jahren
32 ,, ,, ,, ,, 30—40 ,,
13 ,, ,, ,, ,, 40—50 ,,
6 ,, ,, ,, ,, 50—60 ,,

Von den 64 Arbeitern waren

12 im Chromatbetrieb beschäftigt 1—12 Monate
33 „　　　　　„　　　　　　„　　　1—10 Jahre
19 „　　　　　„　　　　　　„　　　10—21　„

2 Arbeiter sind von Anfang an seit Errichtung des Betriebes in ihm tätig gewesen, also 21 Jahre.

Die Tabelle 17 zeigt, daß von den Arbeitern an den Öfen, im Lösungsraum und an den Filterpressen $\frac{1}{3}$, von den Arbeitern im Eindampfraum, Packraum und an den Mühlen nur $\frac{1}{6}$—$\frac{1}{8}$ ohne Perforation sind. Unzweifelhaft sind die drei ersteren die ungefährlicheren, die drei letzteren die schlimmeren Kategorien, und wahrscheinlich wäre der Unterschied noch deutlicher, wenn nicht die Beschäftigung der Arbeiter vielfach wechselte[1]).

Bei seinem Eintritt kommt der Arbeiter gewöhnlich in den Eindampfraum. Von hier rückt er dann in irgendeine andere Stelle ein, sobald eine frei wird. Fehlt ein Arbeiter wegen Krankheit, oder aus sonstigen Gründen, so muß einer der anderen Arbeiter an seine Stelle treten. Der Wechsel zwischen den einzelnen Gruppen ist derart, daß fast jeder Arbeiter in allen Räumen zeitweise gearbeitet hat. Auch werden Chromatspuren trocken durch die Luft, die Stiefel und mit Dämpfen überallhin verbreitet, überall in der Fabrik kann man gelbe Flecken, gelbe Stäubchen usw. sehen. Daneben spielt Disposition und Sorgfalt eine mächtige Rolle für das Zustandekommen der Perforationen. Nach der Ansicht der Ärzte sollen jugendliche Personen — ob mehr wegen Gewebsempfindlichkeit oder mehr wegen Leichtsinn, bleibt unentschieden — besonders stark disponiert sein.

Ich habe bei meinen Tierversuchen gezeigt, daß die Hypothese, daß es der bohrende Finger sei, der die Geschwüre und Perforationen erzeuge, überflüssig ist, wenn ich natürlich nicht bestreite, daß der schmutzige Finger gelegentlich mitwirkt. Hier teile ich die auf jahrzehntelanger Beobachtung beruhenden Ansichten des Fabrikarztes in A mit, die mir vollkommen richtig zu sein scheinen:

Auch die langjährigen Beobachtungen in A zeigen, daß es nicht der bohrende Finger ist, der primär die Geschwüre erzeugt, sondern der Inspirationsluftstrom. Die Fälle Nr. 3, 4, 13, 16, 20, 23, 39 und 55 lassen erkennen, daß, wenn beide Nasenhöhlen nicht gleichmäßig gut für den Luftstrom durchgängig waren, das Geschwür auf der Seite größer und tiefer war, welche mehr Inspirationsluft und damit mehr Chromatpartikelchen eintreten ließ als die andere, engere Nasenhöhle. Auf diesen Umstand ist meines Wissens nicht hingewiesen. Weitere Belege für die Ansicht bilden folgende Fälle: Fall 31 hatte kein

---

[1]) Ein interessantes Experiment ist folgendes: R. war über ein Jahr im Betrieb beschäftigt, hauptsächlich mit Kohlenklopfen, und während dieser Zeit ohne Perforation; erst als er in den Packraum kam, entwickelte sich die Perforation. Die Mühlenarbeiter bekommen ihre Perforationen auch nur durch Aushelfen in anderen Betrieben.

Geschwür, weil er wegen seiner Polypen überhaupt nicht durch die
Nase atmet. Der mit Chromat beschmutzte Finger hätte auch bei ihm
ein Geschwür erzeugen können. Im Fall 10 war auf der einen Seite unter
und vor der typischen Geschwürstelle ein polypöser Auswuchs, der
den Inspirationsluftstrom von seiner gewöhnlichen Bahn ablenkte.
Die Folge davon war die, daß auf dieser Seite an der typischen Stelle
kein Geschwür entstand, dagegen waren auf dem Polyp zwei kleine
Geschwürchen. Die Perforation erfolgte von der anderen Seite her.

Ich verdanke dem Fabrikarzt in A noch eine große Tabelle, die seine
Beobachtungen über Perforationen und Geschwüre seit 1888 enthält.

Alle Arbeiter, bei denen sich während der Dauer ihrer Beschäftigung
eine Perforation entwickelte, sind in diese Liste aufgenommen worden;
dagegen sind die Fälle, die von der Perforation verschont blieben,
nur dann berücksichtigt worden, wenn die betreffenden Arbeiter länger
als ein Jahr im Betrieb blieben. Unter diesen Arbeitern, die im Laufe
des ersten Jahres ohne Perforation blieben — ihre Zahl wird auf 10
bis 20 geschätzt —, waren wohl sicher einige, die auch ferner ohne
Perforation geblieben wären, wenn sie in dem Betrieb weiter gearbeitet
hätten; die gefundene Zahl der Arbeiter ohne Perforation 25 auf 164
(15,2 %) ist deshalb zu niedrig. Es ließen sich auch auf 164 + 20 (also
184) 25 + 20 (also 45) perforationsfreie berechnen; dies wären 24 %.
Auf die 64 selbst gesehenen Fälle habe ich oben 23 % ohne Perforation
berechnet, unter Ausschluß von 3 Mann, die erst einige Monate im
Betrieb waren.

Das Nasengeschwür war in allen kontrollierten Fällen schon bei
der ersten monatlichen Untersuchung nachzuweisen. Die Perforation
kam bei 139 Fällen zustande, von denen über 127 genaue Angaben
vorliegen. Sie trat auf:

113 mal im Lauf von 1—6 Monaten
12 ,, ,, ,, ,, 6—12 ,,
2 ,, ,, ,, ,, 1 Jahr und länger.

Eine ausführliche Publikation dieser großen Tabelle kann wohl
unterbleiben, da sich aus ihr nicht wesentlich mehr herausholen läßt
als aus den Beobachtungen an den 64 gegenwärtigen Arbeitern. —

Soviel über die Nasengeschwüre; andere Geschwüre an den Schleim-
häuten, am Gaumen, Rachen, den Lippen waren in A früher keine
Seltenheit, seit 2—3 Jahren hat man gar keine mehr beobachtet —
ich habe bei meinen Inspektionen auch nichts gesehen.

Die 64 Arbeiter waren in ihrer großen Mehrzahl gut genährt, von
frischem Aussehen und stachen auf den ersten Blick vorteilhaft vom
Aussehen von Arbeitern ab, die etwa dauernd mit Anilin, Benzol,
Benzin stärker in Berührung kommen.

Nach meinen Aufzeichnungen könnte man etwa nennen:

sehr kräftig und gut genährt . . . 30
weniger kräftig, aber gut genährt . 16
weniger kräftig und etwas blaß oder
schlechter genährt . . . . 18.

Von besonderem Interesse war eine gründliche Untersuchung der Harne auf Eiweiß und Chrom. Dieselbe wurde am 26. 10. 1909 und am 23. 4. 1910 ausgeführt. Da die Fabrikärzte die Untersuchung schon mehrfach mit fast ganz negativem Erfolg ausgeführt hatten, so beschränkte ich mich auf die Untersuchung der Harne von 18 Arbeitern, die mir durch ein etwas weniger gutes Aussehen unter den 64 auffielen. Immerhin sahen auch sie keineswegs kränklich aus. Die Harne wurden mit einem Löffelchen Ferrozyankaliumpulver und drei Tropfen Essigsäure versetzt, mehrfach umgeschüttelt und nach einstündigem Stehen der Befund notiert.

Tabelle 21.

Nr.	Voruntersuchung am 26. 10. 09		Hauptuntersuchung 23. 4. 10				
	Arbeiter	Eiweißreagenz macht Trübung	ccm	Milligramm Chrom			Eiweißreagenz macht Trübung
				Zugesetzt	Gefund.	pro Ltr.	
1	B	sehr deutliche Opaleszenz	700	0	0	—	sehr deutliche Opaleszenz
2[1])	D.	Spur opak	100	0	0	—	0
3	F.	0	50	0	0	—	0
4	F. 2	0	250	0	0,17	0,68	0
5	G.	0	110	0	0	—	0
6	H.	0	180	0	0,10	0,56	0
7	H.	0	55	0	0	—	0
8	K.	0	250	0	0,04	0,16	0
9	O.	Spur opak	110	0	0	—	0
10	R. 2	0	160	0	0	—	0
11	R.	Spur opak	460	0	0	—	0
12[1])	Sch.	0	75	0	0	0	0
13	St.	sehr deutliche Opaleszenz	600	0	0	—	0
14	T.	Spur opak	2 10	0	0	—	deutliche Opaleszenz
15[1])	U.	Spur opak	850	0	0,02	0,023	0
16	W.	0	300	0	0	—	0
17	W.	0	45	0	0	—	0
18	S. 16	deutl. opak	—	—	—	—	—
19	Normalharn zur Kontrolle		250	10	9,9	—	0
20	Normalharn zur Kontrolle		250	0,5	0,45	—	0

Der gesamte Harn am 23. 4. 1910 = 4500 ccm enthielt 0,08 mg Chrom, d. h. 0,15 mg pro Liter.

Es hatten also von 18 ausgesucht verdächtigen Arbeitern in einer Untersuchung zwei, in einer anderen drei deutlich Eiweißspuren im Harn. (Die Proben, bei denen nur eine Spur von Opaleszenz auftrat, werden mit Recht vernachlässigt.) Die Untersuchung wurde am Nachmittag eines Arbeitstages vorgenommen. Es ergibt dies 11 bzw. 16,5 %. — Leube

---

[1]) Nr. 2, 12 und 15 waren vor dem Versetzen mit Ferrozyankalium schwach opak, aber nach 6 Stunden nach dem Versetzen nicht stärker.

fand bei gesunden Soldaten nach dem Mittagessen in 16 % unverkennbare Eiweißspuren.

Chrom wurde in 17 Fällen viermal gefunden, die höchste Dosis betrug 0,68 pro Liter. Ein Zusammenhang zwischen Chrom und Eiweißgehalt bestand nie — alle chromhaltigen Harne waren eiweißfrei.

Über das Vorkommen von Bronchitiden konnte ich weder im April 1909 noch im April 1913 in A etwas Entscheidendes sehen oder erfahren. Ich hörte weder in den Arbeitsräumen in irgendwie auffälliger Weise husten, noch konnte ich auf meine Fragen von den Arbeitern etwas anderes hören, als daß der eine und andere ab und zu Husten habe. Einer klagte über etwas Stechen in der Luftröhre (Nr. 41). Auch der Arzt wußte nicht viel Auffallendes zu berichten, doch erzählte er mir: Ein athletischer Arbeiter, der, solange er im Chromatbetriebe war, immer an Husten, Asthma und dgl. litt, verlor seine Krankheit, als er Heizer wurde und nichts mehr mit Chromat zu tun hatte. Auch später habe ich mich bei den Fabrikanten noch mehrfach nach den Chromatbronchitiden erkundigt und wenig gehört.

Chronische Conjunctivitiden sind unbekannt in A; dann und wann fliegt ein Chrompartikelchen in ein Auge, wird möglichst rasch mit trockner Watte entfernt, erzeugt auch dann und wann eine akute Conjunctivitis oder Keratitis. Ich sah zwei Fälle an den 64 Arbeitern.

Von den 64 Arbeitern zeigten nach meiner Statistik frische Hautgeschwüre nur folgende sieben Mann:

Nr. 30   1 kleines Geschwür
 ,,   33   2 kleine Geschwüre
 ,,   37   1 kleines Geschwür   an den Händen
 ,,   38   1   ,,   ,,
 ,,   39   1   ,,   ,,
 ,,   58   8 Geschwüre am Bauch,
 ,,   61   3 kleine Geschwüre an den Händen,

d. h. zusammen 17 frische Geschwüre auf 8 Mann; von diesen war ein einziger, Nr. 58, etwas stärker affiziert. Die Erkrankungen der anderen waren Bagatellen, die bei Reinhaltung, Heftpflasterverband und Kautschukpflaster darüber prompt heilen. Der Verband wird 1—2 mal täglich erneuert, dichte Verbände sollen bis 3 Tage unter Kautschukpflaster liegen bleiben können.

Abgeheilte Geschwüre, ältere und frischere Narben haben die meisten, und zwar von 3—20 Stück.

Größere Narben waren bei zwei Arbeitern zu sehen.

Empfohlen wird von einem Arbeiter, auf die sauber gewaschene kleine Verletzung etwas Hamburger Pflaster, Watte und dann Gummipflaster zu legen. So ein Verband hält drei Tage, dann wird er erneuert, bis die Wunde ganz geheilt ist. Am besten ist es natürlich, gleich jeden kleinen Ritzer zu verbinden.

Ich komme also durch meine Inspektion für diese unmoderne, aber gut geleitete Anlage zu relativ sehr günstigem Eindruck.

2. Die Ergebnisse der Statistik in verschiedenen Chromatfabriken im Lichte eigener Nachforschungen.

Nachdem mein subjektiver Eindruck in dem statistisch besonders stark belastet gefundenen Betrieb A stets ein durchaus günstiger gewesen war, hielt ich es für meine Pflicht, mir die neuere Statistik selbst näher anzusehen, um womöglich die Ursache der so auffallend verschiedenen Resultate der 7 Werke näher verstehen zu lernen, auf die auf S. 11 bis S. 32 bereits mehrfach hingewiesen ist.

Die Statistik R. Fischers an 7 Werken betrifft die Jahre 1904 bis 1908 oder 1909, bei den Werken F und G, die beide sehr wenig Arbeiter beschäftigen, sind 1902/09 bzw. 1898/09 berücksichtigt.

Die Zahlen sind die Arbeitsveräumnisse durch Krankheit; bezogen sind sie auf „Vollarbeiter", d. h. Zahl der Gesamtarbeitstage aller Arbeiter, dividiert durch 300 bzw. 360 Tage, je nachdem Sonntag durchgearbeitet wird oder nicht. Es ist also möglichst einheitliches Material.

In dem Bestreben, die großen Differenzen der Zahl der Krankheitstage pro Arbeiter zwischen den einzelnen Werken aufzuklären, habe ich mich bei Werk A, E und F erkundigt, wie sie die Krankheitstage berechnet haben. Dabei zeigte sich leider, daß Werk A nur den Erkrankungstag, aber nicht die Sonntage abzog, Werk F 3 Karenztage und die Sonntage, Werk E 2 Karenztage und die Sonntage, doch werden bei 2 Tagen ambulatorischer Behandlung vor der Arbeitsunterbrechung keine Karenztage gerechnet. Dadurch kommen zunächst Ungleichheiten in der Bemessung der Krankheitstage, wie eine Überschlagsrechnung zeigt, von bis zu 30 % zu Ungunsten von A gegenüber F heraus, wenn wir die Durchschnittskrankheitsdauer auf 14 Tage rechnen, von denen A 13, F 10 in Rechnung stellt.

Tabelle 22.

Es fallen Erkrankungstage und Erkrankungsfälle auf 100 Arbeiter.

	Tage			Fälle		
	Äußere	Innere	Total	Äußere	Innere	Total
A	534,6	953,3	1487,9	33,7	64,2	97,9
B	155,5	517,7	673,2	16,9	30,7	47,6
C	129,6	401,1	530,7	5,3	28,2	33,5
D	137,3	178,6	315,9	13,1	16,3	29,4
E	7,1	764,4	771,5	0,4	25,1	25,5
F	106,9	1075,4	1182,3	3,1	72,3	75,4
G	123,0	199,2	322,2	11,0	18,1	28,1

Lassen wir die beiden ganz kleinen Betriebe F und G weg, deren Mittel übrigens auch nicht aus dem Rahmen fiele, so haben wir für 4 Betriebe B, C, D, E 3,15—7,7 im Durchschnitt 5,6 Krankheitstage pro 1 Arbeiter — im Betrieb A 14,9.

Die Zahlen für B, C, D, E, ebenso in G, sind als ganz normal bzw. niedrig zu bezeichnen — es lohnt vorläufig nicht, sie näher zu zergliedern — denn die Krankheitsziffern der Arbeiter aller Betriebe pflegen sich in diesen Grenzen zu bewegen — oder pflegten dies in den Jahren 1900—1910 zu tun — denn seither ist eine Steigerung der Morbiditätsziffern durch die Füllung der Krankenkassen und die immer liberalere Gewährung von Krankengeld und Mehrfachversicherung der Arbeiter allgemein ganz unverkennbar[1]).

Dagegen fällt der Betrieb A auf — er macht eine Ausnahme. Wie oben (S. 28 u. 29) gesagt, erklärt sich nach Fischer die hohe Zahl der Krankheitstage im wesentlichen durch hohe Frequenz der Atmungs- und Verdauungs- und — müssen wir hinzufügen — der Infektionskrankheiten sowie der äußeren Verletzungen. Leymann hat früher die Statistik der gleichen Fabrik von 1888/1904 mitgeteilt — seine Mittelzahlen, die ich aus seinen Tabellen ausziehe, siehe Tabelle 23.

Nach der Leymannschen Statistik zeichnen sich in 16jährigem Durchschnitt die Chromatarbeiter vor allen anderen aus in erster Linie, was die äußeren Krankheiten betrifft. Ein Chromatarbeiter hat 10 Tage Arbeitsversäumnis für äußere und 7 für innere Krankheiten. Die Freiluftarbeiter (Verlader, Schreiner, Maurer) haben 4—6 Tage äußere Krankheiten, die Schlosser 4, die Arbeiter der Bruch- und Stoßwerke 3,9, die Salpetersäurearbeiter 6, die Arbeiter mit kaust. Soda 6,3, die in der Schwefelregeneration beschäftigten 7,2 — dies ist die nächsthöchste Zahl nach den Chromatarbeitern[2]). Erheblich geringer ist der Unterschied bei den inneren Krankheiten. Mittel der Freiluftarbeiter 4,7, bei den Salpetersäurearbeitern 4,9, in der Schwefelsäure 5,95, bei Rohsoda 6,36, bei den Chromaten 7,16[3]).

Die Zunahme der Erkrankungstage der Chromatarbeiter betrifft keine einzelne Krankheitskategorie ganz speziell, sondern sie trifft jede der 3 Kategorien, die für die Gesamtziffer der internen Krankheiten stark in Frage kommt.

---

[1]) Z. B. hatte A

1879/80 7,4		1899/1900 10,9
1884/85 10,1		1905/06 11,4
1889/90 10,1		1909/10 10,3
1894/95 9,7		1911/12 13,7

Krankheitstage auf jeden Arbeiter des ganzen Betriebes. Der Betrieb hat sich in diesen 30 Jahren vom hygienischen Standpunkt aus vielfach ganz außerordentlich durch Um- und Neubauten verbessert — nirgends verschlechtert!

[2]) Hier ist in neuerer Zeit eine gewaltige Besserung eingetreten, die Zahl der Arbeitsverluste durch äußere Chromatverletzungen ist auf 5,3, d. h. die Hälfte gesunken. Fischer hat dies näher dargelegt.

[3]) Fischer findet für 1904—1909 sogar 9,5 Tage!

Tabelle

Chemische Fabrik A. (Leymanns

| | Innere Krankheiten | | | | | | |
| | Es kommen auf 100 Arbeiter | | | | | | |
	Ner-ven	Zirkul.	Resp.	Dig.	Harn	Infekt.	Intox.	Fälle insge-samt
Verlader (A)	1,5	0,2	9,2	12,8	0,2	7,3	—	31
Schreiner (B)	1,0	0,3	9,2	13,3	0,2	6,3	—	30,3
Maurer (C)	1,4	0,5	7,9	11,1	0,15	6,17	—	27,3
Maler (A B C).	1,4	0,3	8,8	12,3	0,1	6,8	—	29,8
Schlosser	1,1	0,1	7,6	12,8	0,1	6,7	0,2	29,0
Schwefelsäure.	1,0	0,1	15,1	14,4	0,1	8,9	—	40,0
Salpetersäure	1,3	0,1	11,9	12,3	0,2	9,4	—	35,0
Sulfat, Salzsäure	2,2	0,2	14,9	22,6	0,1	10,1	—	50,0
Rohsoda, Na_2S	1,1	0,4	12,2	24,6	0,1	9,4	—	48,0
Kaust. Soda	0,5	0,4	6,7	10,9	0,1	5,9	—	25
Kristallsoda	0,7	—	9,1	16,4	0,0	5,9	—	32
Schwefelregeneration	1,7	0,2	8,6	20,2	—	11,1	—	42
Brech- und Stoßwerke. . . .	1,4	0,3	8,8	12,3	0,1	6,8	—	29,8
Chromate	1,8	0,3	16,2	17,3	0,3	12,2	0,1	48

Die Verdauungskrankheiten mit 17,3 Fällen stehen etwa in der Mitte zwischen den günstigsten Zahlen (Freiluftarbeiter, Verlader, Schreiner, Maurer, Schlosser) 11,1—13,3 und den Sulfat- und Rohsodaarbeitern mit 22,6 und 24,6 % — hier ist die Steigerung relativ bescheiden durch die Chromate.

Die Zahl der Respirationskrankheiten mit 16,2 ist dagegen fast doppelt so hoch als das Minimum (Schwefelregeneration 8,6, Brech- und Stoßwerke 8,8), und selbst die sonst höchsten Betriebe (Salpetersäure 11,9, Rohsoda 12,2, Sulfat- und Salzsäure 14,9) bleiben erheblich darunter.

Auch die Infektionskrankheiten stehen mit 12,2 bei den Chromarbeitern so hoch wie sonst nirgends, die Freiluftarbeiter und Handwerker haben etwa 6—7 %, die Säurearbeiter 9—10. Da — persönlicher Information nach — die „Infektionskrankheiten" in ganz überwiegender Zahl aus Influenza und Influenza mit Pneumonie bestehen und nur wenige Mandelentzündungen, Typhen usf. die Zahl beeinflussen, so sind die Infektionskrankheiten fast ausschließlich Infektionskrankheiten der Respirationsorgane. Wir dürfen deshalb vermuten, daß ein Teil dieser „Infektionen" lokale Chromatintoxikationen sind, oder daß lokale Chromatschädigungen das Eindringen der Infektionserreger erleichtert.

Diese ältere Leymannsche Statistik deckt sich also in ihren Grundergebnissen im wesentlichen mit den Fischerschen Resultaten.

23.
Statistik, 16 Jahre, 1888/1904.)

| Äußere Krankheiten | | | | | | | | | Gesamt-Krankheits-fälle | Krank Tage | Krankheitstage auf 1 Mann |
| Es kommen auf 100 Arbeiter | | | | | | | | | | | |
Krank Tage	Ver-brennung	Andere Verletzg.	Beweg.-Org.	Haut	Aug. u. Ohren	Geschl.	Fälle insgesamt	Krankheitstage			
459	1,2	19,3	14,5	8,9	0,9	0,5	45	499	77	959	9,6
443	0,5	16,0	10,2	9,5	1,1	—	37,5	465	67,6	908	9,2
500	0,9	15,8	7,8	6,6	1,6	0,5	33,2	413	60,5	913	9,1
470	1,0	17,7	11,7	8,2	1,2	0,4	40,2	466	70,1	936	9,4
442	2,5	15,0	8,1	6,2	1,4	0,4	34,0	404	63,0	846	8,5
595	5,5	9,5	9,2	3,4	0,5	0,4	28,7	399	68,7	994	9,9
490	13,0	9,3	17,8	3,9	0,7	0,4	34,0	612	69,0	1102	11,0
625	4,2	9,1	20,2	6,2	0,9	0,3	41	424	91,0	1049	11,5
636	5,6	20,3	15,4	10,0	0,9	0,5	52,8	546	101	1182	11,8
431	13,8	10,5	7,4	9,4	1,2	0,4	43	633	67	1064	10,6
540	4,6	9,8	10,8	7,0	2,1	0,4	35	456	67	996	10,0
483	4,9	15,5	19,9	9,9	5,9	0,9	57	720	99	1203	12,1
470	1,2	13,8	16,2	4,2	—	—	35	390	56	1720	6,2
716	34,9	13,6	11,8	10,8	0,8	0,6	72,5	1004	120,5	1720	17,2

Auch in den allerletzten 3 Jahren schneidet das Chromat schlecht ab, ich entnehme der publizierten Statistik der Fabrik A:

Tabelle 24.

Von inneren Krankheiten kommen auf einen Arbeiter Krankheitstage:

	Schwefelsäure	Salpetersäure	Salzsäure, Sulfat	Chrom	Anilin	Alkali, Chlorkalk	Chlorprodukte, Permanganat	Schlosser, Schmiede etc.	Verlader, Verwieger etc.
1909/10 . . .	4,59	4,42	2,86	12,72	6,88	7,13	3,47	3,57	6,61
1910/11 . . .	4,1	13,6	6,9	13,4	7,0	6,1	5,3	7,1	9,4
1911/12 . . .	9,55	8,03	8,31	16,75	10,56	7,26	7,90	5,76	8,85
Summe . .	18,24	26,05	18,07	42,87	24,44	20,49	16,67	16,43	24,93

Diese Zahlen stehen wieder in unleugbarem schroffen Gegensatz zu meinem subjektiv günstigen Eindruck, und ich habe deshalb das Urmaterial der Fabrik für die Jahre 1911 und 1912 einmal durchgearbeitet, um einen näheren Einblick in die Gesundheitsverhältnisse zu erhalten. Zum Vergleich habe ich die Gruppe der Salzsäure-Sulfat-Arbeiter behandelt, welche chemische Arbeiter von mittlerer Krankheitstagsziffer sind.

Die Zählblättchen ergaben folgende 4 Tabellen; ich hielt es für zweckmäßig, die Arbeiter in 2 Kategorien unter 40 Jahre und über 40 Jahre zu scheiden, um gleich die Bedeutung des Alters bzw. der fortgesetzten Chromarbeit berücksichtigen zu können (Tab. 25—28).

Ich habe mich dabei für die Chromat- wie für die Vergleichsarbeiter streng auf d i e Arbeiter beschränkt, welche während der Jahre 1911 und 1912 v o l l gearbeitet haben. Alle, welche im Laufe dieser 2 Jahre erst eingetreten oder vor Ablauf ausgetreten sind, blieben weg. Auf diese Weise erhalte ich ein einheitliches Material, dessen Verarbeitung eher etwas bessere Werte als der Gesamtdurchschnitt liefern muß, weil so nur ganz wenig Neulinge bei der Arbeit sind. — Interessant ist, daß von den durchschnittlichen 77 (1911/12) Chromatarbeitern nur 41 2 Jahre nacheinander beschäftigt waren. Von den 1911/12 durchschnittlich 91 Salzsäure- und Sulfatarbeitern waren 70 2 Jahre ununterbrochen beschäftigt — also ein weit größerer Prozentatz.

Tabelle 25.

Jüngere Chromatarbeiter unter 40 Jahren, die 1911 und 1912 voll beschäftigt waren.
Werk A.

Nr.	Äußere Krankheiten					Summe 1—5	Innere Krankheiten							Summe 6—12	Gesamtsumme 1—12
	1	2	3	4	5		6	7	8	9	10	11	12		
	Ver-brennung Tg.	Chrom-ätzung	Quetschg. u. Knochenbr.	Andere äußere Krank-heiten	Dermatitis u. Ekzem		Bronchitis u. Pneumon.	Infektions-krankheiten (meist Influenza)	Magen und Darm	Herz und Gefäße	Rheumatis. u. Neuritis	Nerven-system	Andere inn. Krankheit.		
1	—	—	—	—	—	—	4	—	—	—	—	—	—	4	4
2	—	—	12	6¹)	—	18	—	13	—	—	—	17⁹)	—	30	48
3	—	—	—	—	3⁶)	3	32	—	—	—	—	—	—	32	35
4	—	—	—	—	—	—	11	9 3	4	—	—	—	—	27	27
5	31	—	—	31²)	—	62	—	14	69⁸)	—	—	—	—	83	145
6	—	—	—	—	—	—	—	6	—	—	—	—	—	6	6
7	—	—	—	—	—	—	—	—	13	—	24	—	—	37	37
8	—	—	—	182³) 46⁴)	—	228	—	21	5	—	—	—	—	26	254
9	—	—	14	—	—	14	—	8 11 6	—	—	—	—	—	25	39
10	—	—	2 2	—	—	4	—	—	—	—	—	—	—	—	4
11	—	—	23	—	—	23	—	26⁷)	—	—	—	—	—	26	49
12	—	—	—	—	—	—	12 43	—	—	—	—	—	—	55	55
13	—	—	—	—	—	—	—	13	13	—	—	—	—	26	26
14	—	—	—	1⁵)	—	1	—	8 13	—	—	—	—	—	21	22
15	18	—	32	—	—	50	18	—	—	—	—	—	—	18	68
16	—	—	—	—	—	—	—	16	—	—	—	—	—	16	16
Sa.	49	—	85	266	3	403	120	167	104	—	24	17	—	432	835

14 äußere Erkrankungsfälle mit 403 Tagen.   27 innere Erkrankungsfälle mit 432 Tagen.

Zu 16 krank gewesenen Arbeitern kommen noch 7 nicht krank gewesene = 23 Arbeiter.

In 1 Jahr kommen auf 1 Arbeiter: 18,3 Gesamtkrankheitstage
8,8 äußere Krankheitstage
9,5 innere Krankheitstage

---

¹) Zahngeschwüre.   ²) Hornhautentzündung.   ³) und ⁴) Mittelohrkatarrh. ⁵) Augenkatarrh.   ⁶) Furunkel.   ⁷) Influenza mit Lungenentzündung.   ⁸) Gelbsucht.   ⁹) Neurasthenie.

Tabelle 26.

Jüngere Salzsäure-Sulfat-Arbeiter unter 40 Jahren, die 1911 und 1912 voll beschäftigt waren.
Werk A.

Nr.	1 Ver-brennung Tg.	2 Chrom-ätzung Tg.	3 Quetschg. u. Knochenbr.	4 Andere äuß. Krankheit.	5 Dermatitis u. Ekzem	Summe 1—5	6 Bronchitis u. Pneumon.	7 Infektions-krankheiten (meist Influenza)	8 Magen und Darm	9 Herz und Gefäße	10 Rheumatis. und Neuritis	11 Nerven-system	12 And. innere Krankheit.	Summe 6—12	Gesamtsumme 1—12
1	—	33	—	—	—	33	—	—	—	—	—	—	—	—	33
2	—	—	8¹)	—	3³)	11	—	—	—	—	—	—	—	—	11
3	—	—	—	—	—	—	—	12⁸)	—	—	—	—	—	12	12
4	—	—	—	—	—	—	—	—	15	—	—	—	—	15	15
5	—	—	—	—	—	—	13⁵) 2⁶)	—	—	—	—	—	—	15	15
6	—	—	15²)	—	5⁴)	20	17⁷)	—	—	—	—	—	—	17	37
7	—	—	3	—	—	3	—	4 7	—	—	—	—	—	11	14
8	—	—	—	—	—	—	—	12	—	—	—	—	—	12	12.
9	—	—	4	—	—	4	2	—	—	—	—	—	—	2	6
10	—	—	2	—	—	2	—	6⁹)	3	—	—	—	—	9	11
11	—	—	—	—	—	—	—	—	—	—	5	—	—	5	5
12	—	—	2	—	—	2	—	5	—	—	27 27	—	—	59	61
13	—	—	223	—	—	223	—	12	16	—	39	—	—	67	290
14	—	—	—	—	—	—	—	6	—	—	—	—	—	6	6
15	—	—	—	—	—	—	—	—	32	—	—	—	—	32	32
16	—	—	—	—	—	—	—	16	—	—	11	—	—	27	27
17	—	—	8	—	—	8	—	—	5	—	—	—	—	5	13
18	—	—	—	—	—	—	—	20	—	—	—	—	—	20	20
19	—	—	1	—	—	1	—	—	—	—	—	—	—	—	1
20	—	—	—	—	—	—	—	—	—	—	43 43	—	—	86	86
21	—	—	—	—	—	—	—	—	2	—	8	—	—	10	10
22	6	—	—	—	—	6	—	18¹⁰)	—	—	—	—	—	18	24
23	—	—	—	—	—	—	—	19 2¹¹)	—	—	11	—	—	32	32
Sa.	6	33	266	—	8	313	34	139	73	—	214	—	—	460	773

13 äußere Erkrankungen mit 313 Tagen. 32 innere Erkrankungen mit 773 Tagen.
Zu 23 krank gewesenen Arbeitern kommen noch 9 nicht krank gewesene = 32 Arbeiter.
In einem Jahr kommen auf 1 Arbeiter: 12,0 Gesamt-Krankheitstage
5,0 äußere Krankheitstage
7,1 innere Krankheitstage.

---

¹) Fersengeschwür. ²) Schwielenabscess. ³) Krätze. ⁴) Phlegmone. ⁵) Mit Influenza. ⁶) mit Pleuritis. ⁷) Lungen- und Kehlkopfkatarrh. ⁸) Influenza mit Rheumatismus. ⁹) Influenza mit Rheumatismus. ¹⁰) Angina. ¹¹) Angina.

                    Eigene Fabrikstudien.

Tabelle 27.
Ältere Chromatarbeiter über 40 Jahre, die 1911 und 1912 voll beschäftigt waren.
Werk A.

Nr.	Äußere Krankheiten					Summe 1—5	Innere Krankheiten							Summe 6—12	Gesamtsumme 1—12
	1	2	3	4	5		6	7	8	9	10	11	12		
	Ver-brennung Tg.	Chrom-ätzung	Quetschg.u. Knochenbr.	Andere äußere Krankheit.	Dermatitis u. Ekzem		Bronchitis u. Pneumon.	Infektions-krankheiten (meist Influenza)	Magen- und Darm	Herz und Gefäße	Rheumatis. u. Neuritis	Nerven-system	Ander.inner. Krankheit.		
1	—	—	19	—	—	19	—	2	—	—	—	—	—	2	21
2	—	—	—	—	—	—	—	2[4])	—	—	—	—	—	2	2
3	—	—	88 15	—	—	103	—	—	—	—	—	—	—	—	103
4	—	—	—	—	—	—	—	—	—	—	64 93	—	—	157	157
5	—	—	8	—	—	8	20	—	20	—	—	—	—	20	28
6	—	5	11	—	—	16	—	—	25 20	—	—	—	—	65	81
7	—	—	—	—	—	—	—	18	13	—	—	—	—	31	31
8	—	—	19	—	—	19	—	3 16	—	—	1	—	—	20	39
9	—	—	17	—	—	17	27[3])	—	—	—	—	—	—	27	44
10	—	—	—	—	—	—	—	—	23 81	—	—	170 12	—	286	286
11	—	—	—	—	—	—	27	—	—	—	—	—	—	27	27
12	—	—	—	—	—	—	{ 68 16 27 27	—	—	—	78	—	—	216	216
13	—	—	—	58[1])	—	58	—	14 20	46	—	—	—	—	80	138
14	—	—	—	—	—	—	5	—	—	—	—	—	—	5	5
15	—	—	8	—	—	8	—	—	—	—	—	—	—	—	8
16	—	—	12	5[2]) 12	—	29	—	—	—	—	—	—	—	—	29
Sa.	—	5	197	75	—	277	217	75	228	—	236	182	—	938	1215

13 äußere Erkrankungen mit 277 Tagen. 28 innere Erkrankungen mit 938 Tagen.

Zu 16 krank gewesenen Arbeitern kommen noch 2 nicht krank gewesene = 18 Arbeiter.

In 1 Jahr kommen auf 1 Arbeiter: 33,7 Gesamtkrankheitstage
7,7 äußere Krankheitstage
26,0 innere Krankheitstage.

---

[1]) Orchitis.   [2]) Hornhautgeschwür.   [3]) Lungenemphysem und Bronchitis.
[4]) Mandelentzündung.

Tabelle 28.
Ältere Salzsäure- und Sulfatarbeiter über 40 Jahre, die 1911 und 1912 voll beschäftigt waren.
Werk A.

Spaltengruppen: **Äußere Krankheiten** (Spalten 1—5) · **Innere Krankheiten** (Spalten 6—12)

Nummer	1 Verbrennung	2 Chromätzg.	3 Quetschg. u. Knochenbr.	4 Andere äuß. Krankheit.	5 Dermatitis u. Ekzem.	Summe 1—5	6 Bronchitis u. Pneumon.	7 Infektionskrankheiten (meist Influenza)	8 Magen und Darm	9 Herz und Gefäße	10 Rheumatis. und Neuritis	11 Nervensystem	12 Andere inn. Krankheit.	Summe 6—12	Gesamtsumme 1—12
1	—	—	—	—	—	—	—	—	—	—	4	—	—	4	4
2	—	—	—	—	—	—	—	—	—	—	8 6 12	—	—	26	26
3	—	—	4	—	—	4	—	—	—	—	—	—	—	—	4
4	—	—	—	—	—	—	—	18	—	—	21	—	—	39	39
5	—	—	9	—	—	9	—	—	—	—	—	—	—	—	9
6	—	—	—	—	—	—	13 12 8	6	—	—	—	—	—	39	39
7	—	—	—	—	—	—	—	—	—	—	6	—	—	6	6
8	—	—	—	—	—	—	—	6	8	—	—	—	—	14	14
9	—	—	—	—	—	—	—	—	—	—	3	—	—	3	3
10	—	—	—	—	—	—	—	20	—	—	—	—	—	20	20
11	—	—	—	—	—	—	—	29[7])	—	—	—	—	—	29	29
12	—	—	—	7[3])	—	7	—	8[8]) 12[9])	—	—	—	—	—	20	27
13	—	—	—	—	—	—	—	—	8 9	—	—	—	—	17	17
14	—	—	—	—	—	—	—	—	13	—	—	—	—	13	13
15	—	—	—	—	—	—	—	8[10])	—	—	—	—	—	8	8
16	—	—	16	—	—	16	—	8	—	—	—	—	—	8	24
17	—	—	12 4	—	—	16	—	—	—	—	—	—	—	—	16
18	—	—	4 42	—	—	46	—	28[11])	23 26 63 7	16	20 29	12	—	224	270
19	—	—	—	—	—	—	—	4	—	—	—	—	—	4	4
20	—	—	—	—	15[4])	15	—	—	—	—	—	—	—	—	15
21	—	—	—	—	—	—	—	9[12])	—	—	39	—	—	48	48
22	—	—	—	—	—	—	—	13[13]) 13	—	—	—	—	—	26	26
23	—	—	—	—	—	—	—	—	—	—	10 5 23	—	—	38	38
24	—	—	—	—	—	—	14	—	—	—	—	—	—	14	14
25	—	—	—	—	—	—	—	—	—	—	17 18	—	—	35	35
26	18	—	6[1])	—	—	24	—	—	1	—	·29	—	—	30	54
27	—	—	—	—	—	—	11[5])	—	—	—	—	—	—	11	11
28	—	—	—	—	—	—	142[6])	—	3	—	—	—	—	145	145
29	—	—	—	—	23 14	37	—	—	6	—	5 4	13[14])	—	28	65
30	—	—	14[2])	—	—	14	—	40	—	—	—	—	—	40	54
31	—	—	17	—	—	17	—	28	—	—	—	—	—	28	45
S.	18	—	128	7	52	205	200	222	195	16	259	25	—	917	1122

Betrachtung der Zahlen siehe S. 98 unten.

Lehmann, Chromate.

Aus den Tabellen folgt:

Es fallen Krankeitstage im Durchschnitt 1911 und 1912 bei bloßer Berücksichtigung der das ganze Jahr beschäftigten Arbeiter auf einen Mann:

	Innere	Äußere	Total
Jüngere Chromarbeiter ..	9,5	8,8	18,3
Ältere Chromarbeiter ..	26,0	7,0	33,7
Jüngere Sulfatarbeiter ..	7,1	5,0	12,0
Ältere Sulfatarbeiter ...	10,7	2,4	13,1

Die 23 jüngeren Chromatarbeiter haben unter 835 Gesamtkrankheitstagen einen 182 und 46, d. h. zusammen 228 Tage dauernden Fall von Mittelohrkatarrh, dessen Fehlen die Zahl der sonstigen äußeren Erkrankungstage von 403 auf 175, also um mehr wie die Hälfte ermäßigte, d. h. pro 1 Jahr auf 3,8 und als bescheiden erscheinen ließe!

Von Bronchitis sind 120 Tage aufgeführt, die sich auf 5 Arbeiter von 23 in 2 Jahren verteilen — es kommen also pro Jahr 2,6 Tage Bronchitis auf einen Arbeiter oder 15 von 23 Arbeitern sind 2 Jahre frei von Bronchitis geblieben! Gewiß kein schlimmer Befund.

Dafür sind aber 167 Tage Infektionskrankheiten (nur Influenza) angegeben, so daß an Bronchitis und Influenza 13 der 23, d. h. rund 57% der Arbeiter in 2 Jahren wenigstens einmal erkrankt sind. Es kamen auf Influenza plus Bronchitis 287 Tage, also 6,2 Tage pro Kopf und Jahr.

Die meisten Erkrankungen an Bronchitis und Influenza waren leicht und kurz. Einer hat eine vierwöchentliche, ein anderer eine 12 und 43 tägige Erkrankung durchgemacht, eine Influenza verlief mit Pneumonie, dauerte 26 Tage, die anderen meist 1—2 Wochen.

Die Magendarmkrankheiten machen 104, d. h. pro Kopf und 1 Jahr 2,3 Tage, davon kamen 69 Tage auf einen Fall von Gelbsucht — man wird also hier nicht von häufigen Darmkrankheiten sprechen dürfen. Auf 23 Arbeiter 5 Fälle in 2 Jahren!

Rheumatismus und Neuritis fehlen fast ganz.

Vergleichen wir damit die jüngeren Salzsäure-Sulfatarbeiter, so finden wir: Wenige äußere Erkrankungen und von den insgesamten 305 Tagen kommen auch wieder 233 auf einen einzigen Fall (Verstauchung des linken Fußes), dessen Weglassung die Statistik geradezu sehr günstig erscheinen ließe.

Zu Tabelle 28 (Seite 97).

15 äußere Erkrankungen mit 205 Tagen.   55 innere Erkrankungen mit 917 Tagen.

Zu 31 krank gewesenen Arbeitern kommen noch 12 nicht krank gewesene = 43 Arbeiter. In 1 Jahr kommen auf 1 Arbeiter 13,1 Gesamtkrankheitstage,
2,4 äußere Krankheitstage,
10,7 innere Krankheitstage.

---

[1] Hautabschürfung. [2] Entzdg. d. Fingers. [3] Zahngeschwür. [4] Furunkel. [5] Lungenspitzenkatarrh. [6] Kehlkopf- u. Lungenkatarrh. [7] Influenza m. Lungenentzdg. [8] und [9] Influenza mit Ang. phlegmonosa u. Bronchitis. [10] Influenza m Bronchitis. [11] Desgl. [12] Influenza m. Neuritis. [13] Influenza. [14] Erschöpfung.

Bronchitis fehlt fast ganz: nur 3 Patienten mit 34 Tagen auf 32 Arbeiter in 2 Jahren. Die Infektionskrankheiten sind mit 139 Tagen angegeben, zwei Fälle waren Anginen — zieht man die 20 auf sie fallenden Tage ab, so haben wir 129 Influenzatage für 30 Arbeiter in 2 Jahren, also pro Jahr kaum mehr als 2.

Von 32 Arbeitern sind 14 an Bronchitis oder Influenza erkrankt, also ca. 50%. Keine Krankheit dauerte über 20 Tage. Es kamen pro Jahr an Bronchitis und Influenza nicht ganz 3 Tage auf den Arbeiter. Also wesentlich weniger Bronchitis, etwas weniger Influenza. Influenza und Bronchitis etwa 3 statt 6,2 Tage!

Magen- und Darmkrankheiten 73 Tage; pro Kopf und Jahr 1,3 — also keine auffallende Frequenz, auf 31 Arbeiter 6 Fälle in 2 Jahren.

Ziemlich viel Rheumatismus und Neuritis fällt bei den jüngeren Salzsäurearbeitern sehr auf, es trifft die Hälfte der inneren Krankheitstage darauf.

Die 18 älteren Chromarbeiter zeigen nur wenige äußere Krankheiten, ein 103 Tage dauernder Fall erhöht die übrigen 174 externen Krankheitstage auf 277. Die Gesamtzahl der inneren Krankheitstage ist dagegen auffallend hoch.

Von internen Kranken haben wir hier unter 18 Arbeitern nur 5, die an Bronchitis erkrankten in 2 Jahren, darunter einer (Arbeiter R.) viermal mit 138 Tagen, so daß für die 4 bzw. 17 anderen nur 79 Tage blieben. Daraus wird man keine schwere Bronchitisbelastung ableiten: R. leidet an Lungenemphysem, chronischer Bronchitis und Arteriosklerose — er ist kürzlich mit 61 Jahren pensioniert worden.

75 Influenzatage auf 7 erkrankte und 18 Gesamtarbeiter ist nicht gerade sehr viel. Influenza + Bronchitis = 292 Tage, geben 8,1 Tage pro Kopf und Jahr, aber ohne die 138 Tage des Arbeiters R. nur 154 Tage bzw. 4,1 pro Kopf und Jahr.

4 Arbeiter haben 228 Krankheitstage (65, 13, 104 und 46 Tage) an Magen- und Darmkrankheiten, die 14 anderen blieben gesund, es gibt dies 6,4 Tage pro Kopf und Jahr. Bei näherer Nachforschung hörte ich folgendes: Die 65 Tage betreffen den 40 jährigen Arbeiter H., der an mäßiger Magenerweiterung mehrfach im Spital mit Ausspülungen behandelt wurde und dabei gleichzeitig eine hartnäckige Gonorrhoe auskurierte; die 104 Tage gehören dem 61 jährigen Arbeiter M., der abwechselnd an Verstopfung und Kolik laboriert, was auf Darmgefäßverkalkungen ebenso zurückgeführt wird wie seine 182 Tage „Neurasthenie" (s. u.), die ihn außerdem von der Arbeit fernhalten. Der alte Mann ist jetzt pensioniert. Die 46 Tage betreffen R., einen an Brechdurchfall erkrankten 61 jährigen Arbeiter, der als Witwer möglichst lange im Spital blieb, da er nebenbei dort auch rheumatische Beschwerden mit Bädern behandeln konnte. — Man wird aus diesen Fällen keine Magendarmbelastung der älteren Chromarbeiter allgemein behaupten dürfen.

Rheumatismus und Neuritis wirken (im Gegensatz zu den Verhältnissen bei den jüngeren Chromarbeitern) auf die Gesamtkrankenziffer ein. Es sind aber nur 2 Arbeiter, die sich in die 236 Krankheitstage teilen. Der eine, E. (49 Jahre alt), hat 157 Krankheitstage (1910 auch 100), der andere ist wieder der oben erwähnte 61 jährige R. mit 78 Tagen. Es sind also unter den internen Kranken eine Reihe Arbeitsinvaliden, die auf Kosten einer gut gefüllten Krankenkasse noch als aktiv geführt wurden. Nehmen wir die 3 Arbeiter R., E. und M. als pensioniert an, so sinkt die Ziffer der gesamten Krankheiten auf 1215 — 659 = 556, auf weniger wie die Hälfte oder auf 18,5 Tage pro Jahr.

Die 43 älteren Sulfatarbeiter haben 4 Fälle von Bronchitis, wobei einer mit 142 Tagen offenbar chronischen Charakter hat, zusammen 167 Tage. Also 25 Tage für 42 ältere Arbeiter in 2 Jahren, d. h. sehr wenig Bronchitis.

Dafür sind 222 Influenzatage aufgeführt. 17 Arbeiter von den 43 haben entweder Influenza oder Bronchitis gehabt, also $^2/_5$. Es kommen 422 Tage auf 41, also rund 5 Tage pro Kopf und Jahr. Rechnen wir Nr. 28 weg, so kommen 280 Tage auf 41, also 3,5 Tage pro Kopf und Jahr — wenig.

195 Tage Magen- und Darmkrankheiten betrafen 8 Arbeiter, von denen einer viermal krank war, das macht rund 2,5 Tage pro Kopf und Jahr.

Sehr viele ältere Sulfatarbeiter leiden hier an Rheumatismus und Neuritis, die 259 Krankheitstage verteilen sich auf 11 Arbeiter. Im übrigen sind bei den alten Sulfatarbeitern nur zwei „Statistikverderber", so daß das Gesamtresultat extrem günstiger ausfällt als für die Chromarbeiter. — Läßt man, wie oben durchgeführt, die 3 schlimmsten Chrom-Statistikverderber weg, so nähern sich die Zahlen erheblich — man mag aber die Zahlen drehen und wenden, wie man will, die älteren Chromatarbeiter sind erheblich stärker belastet in der Fabrik A als die analogen Sulfatarbeiter.

Drei Erklärungsversuche dieser höheren Krankheitsziffern der Chromatarbeiter in A habe ich geprüft. Es wurde vermutet, die Chromatarbeiter wohnten zum großen Teil auswärts und seien deshalb, was Krankheitsdauer und Leichtigkeit des Wegbleibens überhaupt betrifft, weniger kontrolliert. Es zeigte sich aber, daß von den Arbeitern 1913 wohnen:

	Salzsäure + Sulfat	Chromate
bis 2 km entfernt	43	47
„ 3 „	9	26
„ 4 „	1	1
„ 5 „ und mehr	13	13
	66	87

Es wohnen also tatsächlich absolut und relativ mehr Chromatarbeiter 3 km entfernt, aber relativ weniger 4 und mehr Kilometer — das erklärt nichts.

Das Lebensalter beträgt:

	Salzsäure + Sulfat	Chromat
Unter 21 Jahren	1	—
21—25 ,, ...	4	6
26—30 ,, ...	8	14
31—35 ,, ...	10	20
36—40 ,, ...	10	20
41—45 ,, ...	9	11
46—50 ,, ...	10	4
51—55 ,, ...	5	3
56—60 ,, ...	5	3
über 61 ,, ...	1	4
unbekannt	3	2
	66	87

Es sind in der Salzsäure also 11 auf 66 ($^1/_6$) über 50 Jahre alt, im Chrom 10 auf 87 ($^1/_9$) über 50 Jahre alt, allerdings sind im Chrom 4 statt 1 über 60 jährige beschäftigt. Von den Chromatleuten über 60 Jahren ist nur einer besonders viel krank gewesen — allerdings wirken seine 104 Tage Magen und Darm und 182 Tage Neurasthenie, zusammen 286 Tage interne Krankheit, recht erheblich auf die Statistik. Einen maßgebenden Einfluß hat nach diesem Ergebnis die Alterszusammensetzung der beiden Arbeitergruppen wohl nicht.

Nun könnten noch die Chromatarbeiter länger in ihrem besonderen Beruf tätig sein als die Sulfatarbeiter. Die Zählblättchen ergaben aber:

Im Salzsäure-Sulfatbetrieb sind 53 über 3 Jahre, 16 unter 3 Jahren beschäftigt — also 53/66, fast $^5/_6$,,alte"; im Chromatbetrieb 34 über 3 Jahre, 53 unter 3 Jahren, also 34/88 oder $^0/_8$,,alte".

Es spricht dies weder für die Beliebtheit des Chrombetriebes[1] noch gibt es eine Erklärung für die stärkere Belastung desselben mit Krankheiten.

Auch alle anderen Gründe, Hitze, Durchzug usw. sind wohl auszuschließen, da rheumatische Erkrankungen geradezu seltener sind bei den Chromat- als bei den Salzsäurearbeitern.

Es bleibt also nichts übrig, als in der Fabrik A die auch nach Abrechnung einzelner besonders gelagerter Fälle übrigbleibende auffallend hohe Morbidität der Chromatarbeiter wirklich auf das Chrom zu beziehen.

Fragen wir nun nach den wirklichen bzw. Hauptgründen, so kommen wir auf ein schwieriges Gebiet; denn wenn die Fabriken auch Männern ihres Vertrauens ihre Einrichtungen mehr oder weniger genau gerne zeigen und manche persönliche Auskunft geben, so tragen sie doch Bedenken, die Veröffentlichung ohne weiteres zu gestatten,

---

[1] Die Arbeiterlisten ergeben denn auch, daß weit mehr Arbeiter im Chromatbetrieb nur wenige Tage bleiben als im Sulfatbetrieb.

da sie ihre Interna — mögen sie günstig oder ungünstig sein — der
Konkurrenz bzw der Agitation nicht gerne preisgeben.

Folgendes darf ich aber sagen:

Die Fabrik E mit ihrer sehr günstigen Chromatmorbidität durfte
ich eingehend besichtigen. Ich fand hier insofern Ähnlichkeit mit A,
als auch hier die Herstellung der Chromatschmelze ähnlich, wie im allgemeinen Schema angegeben, hergestellt, die nicht stäubende Schmelze
ausgelaugt, der Auszug angesäuert und unter Ventilation eingedampft
wird. Das Bichromat wird aber nicht zur Trockne gebracht, sondern
als starke Lösung oder Kristallbrei sofort zur Anthracenoxydation
verbraucht. Dabei geht das Chromat in Chromsulfat über, das verkauft
wird. Die Arbeiter haben also mit Bichromatstaub überhaupt nichts
zu tun; da die monochromathaltige Schmelze kaum stäubt, so kommen
sie auch nur sehr wenig mit dem wenig offensiven Monochromat in
Staubform in Berührung, und es ist zu verstehen, daß folgende Statistik
über die Perforationen angegeben wird:

Von 75 Arbeitern hat Mai 1913 die Nasenscheidewand folgenden
Befund:

Befund	Arbeitsdauer		
	bis zu 6 Mon.	bis zu 1 Jahr	über 1 Jahr
Ohne	0	5	11
Geschwür	0	0	12
Perforation I	0	0	6
Perforation II	0	0	12
Perforation III	0	0	29

Die Chromaterkrankungsziffern nach Fischer waren in E: Auf
äußere Erkrankungen kamen pro Arbeiter 0,07, auf innere Erkrankungen
kamen pro Arbeiter 7,16 Krankheitstage.

Diese günstigen Krankheitsziffern stimmen gut zu der geringen
Nasenperforationsgefahr — beides wird durch den kleinen Chromatgehalt der Luft günstig beeinflußt.

Hier ist nun auch der Ort, der Fabrik J zu gedenken, welche
Fischer nur anhangweise erwähnt. Sie hat geradezu vorzügliche
Morbiditätsverhältnisse, obwohl sie große Mengen Chromat herstellt.

Fischer gibt an: In den 2 Jahren 1908 und 1909 betrug von je
28 Arbeitern auf 100 umgerechnet die Zahl der Krankheitstage

$$\text{durch äußere Leiden} = \quad 0$$
$$\text{durch innere Leiden} = 400$$

also 4 Tage pro Arbeiter. Die Krankheiten werden zu $^4/_{12}$ als solche
der Respirationsorgane, zu $^5/_{12}$ als solche der Verdauungsorgane und
zu $^3/_{12}$ als Infektionskrankheiten angegeben.

Fischer sagt weiter nur noch: „Beim Betrieb J handelt es sich
um eine besondere Arbeitsweise, die an dieser Stelle nicht näher er-
örtert werden darf. Der günstige Gesundheitszustand kann daher
vielleicht den Umständen zugeschrieben werden, daß eine staubende

Schmelze, wie in den Fabriken A—G, überhaupt nicht entsteht, daß sich die dem Aufschließen des Chromeisensteins folgenden Arbeitsvorgänge der Auslaugung und das Eindampfen in völlig abgeschlossenen Apparaturen vollziehen, und daß die Umwandlung von Monochromat in Bichromat auf elektrolytischem Wege geschieht. Dazu kommt noch eine sorgfältige gründliche Beobachtung der Hände und Nasen und eine sorgfältige Behandlung der geringsten Hautverletzung. Infolgedessen haben sich charakteristische Chromgeschwüre und Nasenscheidewanddurchlöcherungen seit langem überhaupt nicht mehr gezeigt."

Meine eigenen Beobachtungen in J, die mir von hohem Werte waren, sind folgende: Das Verfahren zur Gewinnung des Chromats aus Chromeisenstein ist in ganz besonderer Weise so durchgeführt, daß ein leicht hygroskopisches Rohprodukt erhalten wird, das auch beim Brechen und Einfüllen in die Auslauggefäße sehr wenig stäubt. Die Erzeugung des Monochromats und Bichromats findet in verschlossenen Gefäßen statt. Das fertige Kaliumbichromat wird nur geschleudert und mit einem Wassergehalt von 0,7—1% in Fässer gepackt. Der Arbeiter kommt also mit fein verteiltem Bichromat nicht in Berührung.

Außerdem werden im ganzen Betrieb stets Handschuhe und Watte in der Nase getragen. Ich habe selbst der dort üblichen täglichen Morgenrevision aller Arbeiter durch einen tüchtigen Lazarettgehilfen beigewohnt und gesehen, wie er nach Entfernung der Pfröpfe die Nasen mit Watte und essigsaurer Tonerde austupfte. Ich habe von den 17 Arbeitern der Tagesschicht nur einen, der in Urlaub war, nicht gesehen, bei den anderen die Nasen selbst inspiziert. Nur einer hatte eine Perforation, ein zweiter ein tiefes, aber ausgeheiltes nicht perforiertes Geschwür. Die anderen zeigten zum Teil etwas oberflächliche Anätzung, Rötung, Narben.

Dabei waren von den 16 Arbeitern mit Chromat beschäftigt:

4 seit 7 Jahren,	1 seit 4 Jahren,
2 seit 6 Jahren,	3 seit 3 Jahren,
1 seit 5 Jahren,	4 seit 1 Jahr,
	1 weniger als 1 Jahr.

Mir wurde gesagt, im Anfang sei die Gefährdung der Nase am größten, später scheine sich die Nase an die kleinen trotz aller Vorsichtsmaßregeln eindringenden Chromatmengen zu gewöhnen.

Besonders wichtig war mir aber zu sehen, daß in der Tat bei meinem mehrfachen unerwarteten Eintreten in diese Chromatfabrik immer die Arbeiter ihre Watte und ihre Handschuhe tatsächlich trugen — daß sich also eine solche Anordnung durchführen läßt.

Ich bin zweifelhaft, ob die sehr guten Resultate wirklich auf die Pfröpfe und Handschuhe zu beziehen sind. Mir scheint die Eigenart des Betriebes viel wichtiger — sicher ist aber die ständige Aufsicht und Behandlung jeder Kleinigkeit durch einen Lazarettgehilfen

| | Zahl der Arbeiter | Innere Erkrankungen | | | | | | | | Fälle | Krankheitstage |
		Nervensystem	Kreislauforgane	Atmungsorgane	Verdauungsorgane	Harnorgane	Infektionskrankheiten	Intoxikationskrankheiten	Allgemeine Ernährungsstörungen		
		Krankheitstage									
1909 Gesamt . . .	662	—	—	—	—	—	—	—	—	—	
Chromat . .	29	—	—	34	80	—	5	—	—	9	119
1910 Gesamt . . .		—	—	—	—	—	—	—	—	—	—
Chromat . .	24	—	—	36	80	—	12	—	—	11	128
1911 Gesamt . . .	766	673	56	1312	608	108	349	—	—	241	3106
Chromat . .	25	37	12	10	39	—	13	—	—	11	111
1912 Gesamt . . .	755	826	5	1680	499	56	383	71	—	242	3520
Chromat . .	26	—	—	2	—	—	36	—	—	3	38

schon deswegen gut, weil er die Arbeiter zu Sauberkeit erzieht und es Gelegenheit zu Belehrung und Tadel gibt.

Als neueste Statistik wurde mir in Fabrik J die Tabelle 29 mitgeteilt.

Es sind auch hier gewaltige Schwankungen — einmal 1910 kommen die Chromatarbeiter auf 14,8 Krankheitstage, d. h. auf eine Morbidität, die 80% höher ist als die Durchschnittsmorbidität des Werkes (ca. 9 Tage) — in den anderen 3 Jahren war sie aber gleich oder kleiner als die Durchschnittsmorbidität, ja 1912 nur $\frac{1}{3}$ so groß.

Welchen Einfluß ein Arbeiter auf die Statistik haben kann — wenn nur 25 Arbeiter in Frage kommen — zeigt in diesem Chromatbetrieb der Arbeiter Wo., der am 6. II. 1905 in die Fabrik eintrat, zunächst nicht in den Chromatbetrieb. Am 11. 10. 05 1 Tag Kolik, 1.—29. VIII. 05 Magenkatarrh und Druckstelle der Hohlhand. Am 22. XII. 05 Eintritt in den Chromatbetrieb: Bis zum 19. II. 1912, dem Entlassungstag — also in rund 6 Jahren — war er 12 mal krank, zusammen 221 Tage — davon kamen 14 und 21 Tage auf Bronchitis, 28 Pleuritis, 3 auf Mandelentzündung — alle anderen Leiden betrafen Magen und Darm. Wüßte man nicht zufällig, daß Patient schon vorher 2 mal in gleicher Weise krank war, so könnte man an eine Chromatschädigung des Magendarmkanals denken.

Endlich habe ich auch das Werk F gesehen, dessen Krankheitstage pro Arbeiter mit 11,8 schon höher liegen und sich schon A mit 14,1 nähern, ja ihm recht nahe rücken, wenn wir uns daran erinnern, daß F 3 Karenztage und die Sonntage, A nur einen Karenztag abzieht. Hier liegen die Dinge folgendermaßen:

29.
der Fabrik J.

| Äußere Erkrankungen | | | | | | Fälle | Krankheits-tage | Gesamtfälle | Gesamt-Krankheitstage | Es kommen auf 1 Mann Krankheitstage: |
| Verbrennungen | Andere Verletzungen | Bewegungsorgane | Haut | Augen und Ohren | Geschlechtsorgane | | | | | |
Krankheitstage										
—	—	—	—	—	—	—	—	486	6783	10,3
{119}		10	8	48	—	20	185	29	304	10,5
—	—	—	—	—	—	—	—	460	6124	8,8
{110}		31	20	67	—	14	228	25	356	14,8
955	921	888	683	148	117	286	3712	527	6818	8,9
6	20	15	1	—	—	6	42	17	153	6,1
951	1699	764	876	401	—	280	4691	522	8211	10,9
—	—	24	—	20	—	6	44	9	82	3,2

Es wird kein Chromat aus Chromeisenstein erzeugt[1]), sondern
Chromsalze, die von anderen Fabriken bezogen werden oder die im
eigenen Betrieb anfallen, werden regeneriert. Bei der Regeneration des
Natriumchromats bzw. beim Weitertransport der trockenen Schmelze
habe ich doch ziemlich Staub gesehen — auch Fischer hat in einer
Regenerationsanlage sehr erhebliche Chromatstaubmengen (vgl. oben
S. 8 u. 9) getroffen, die natürlich nur ganz vorübergehend und nach Vor-
schrift wohl unter Anlegen eines Respirators eingeatmet werden.

Es versteht sich also, daß hier Gelegenheit zu Schädigungen[2]) —
allerdings auch wieder nur durch Monochromat — beobachtet werden.
Aber es fehlt in diesem Werke auch wieder die Herstellung trocknen

---

[1]) Oder wenn dies vielleicht früher der Fall war, diente es feucht zum eignen
Gebrauch als Oxydationsmittel.

[2]) Im Gespräch mit dem erfahrenen langjährigen Fabrikarzt erfuhr ich,
daß ihm Rachengeschwüre, Trommelfellperforationen nie vorgekommen sind, daß
er aber einige Fälle aus einer alten Fabrik untersucht habe, die weitgehende
Eiterungen in Nase und Nasenhöhlen zeigten. Wesentlich Neues habe ich über
Genese, Entwicklungszeit und Prognose der Nasengeschwüre und Perforationen
nicht erfahren. Sechs Fälle habe ich hier selbst untersucht; bei den Nasen von zwei
erst kurz im Chromatbetrieb beschäftigten Arbeitern war deutlich die Geschwürsbildung auf der Seite des weiteren Nasenkanals stärker, bei einseitig vorgewölbtem
Septum ist die verengte Seite — durch die weniger geatmet wird — stets die weniger
befallene.

Besondere Mitteilungen über Nephritiden oder Bronchitiden konnte ich
nicht erhalten. Methodische Harnuntersuchungen sind hier nie gemacht worden.

Sechs Arbeiter, deren Harn ich untersuchen konnte — sie waren 18, 9, 5 Jahre
und 2½, 2½ und 2 Monate im Betriebe — gaben keinen Eiweißgehalt.

Bichromats, indem das feuchte Bichromat sofort wieder zu Oxydationszwecken im gleichen Werke verbraucht wird.

Daß A erheblich schlechter wie die anderen Werke abschneidet, liegt höchstwahrscheinlich daran, daß Natriumbichromat hier in großem Maßstab geschleudert, dann auf Blechen getrocknet, die Bleche mit der Hand ausgehoben, auf den Köpfen zur Mühle getragen werden. Die Faßfüllanlage war, so oft ich sie sah (4 mal), ordentlich entstäubt, aber der Betriebsleiter der Chromatabteilung zu A klagte mir wiederholt, daß er sich — in der Hoffnung, die Chromatmorbidität herabzudrücken — vielfach bemüht habe, die Arbeiter zu etwas sorgsamerem Umgehen mit den Chromaten zu erziehen, daß er aber an der Indolenz der Leute gescheitert sei. Essen im Raum wird bestraft — das hilft aber nichts. Ein paar Krankentage im Jahr mehr werden von vielen nicht lästig empfunden, da das Krankengeld der Kasse und häufige Nebenversicherungen den Lohn einigermaßen ersetzen[1]) und der Arbeiter vielfach ganz gerne einmal zu Hause bleibt. Die Krankheiten sind meist nicht schmerzhaft und hinterlassen keine bleibende Schädigung. Von einer Kalamität kann nie die Rede sein[2]).

Sollte wider alle Voraussicht meine Erklärung der höheren Chromatmorbidität in der so verständig und wohlwollend geleiteten Fabrik A noch nicht erschöpfend sein — so bleibt jedenfalls richtig, daß, solange kein getrocknetes Natriumbichromat hergestellt und solange die Eindampfung der Bichromate unter Dampfabsaugen oder im Vakuum vorgenommen wird, die Chromatfabrikation ein vollkommen harmloser Betrieb ist, dem sogar die Nasenperforationen vollständig fehlen können.

Konstitutionelle Erkrankungen, Siechtum durch Chromate mögen früher als Seltenheiten vorgekommen sein (s. u.); ich habe auch in A keinen Fall gesehen; wenn einzelne Arbeiter von 50—65 Jahren kränkeln, an Atherom und anderen Alterserscheinungen leiden, so ist dies nichts Auffallendes.

3. Eigene Erfahrungen in der Gerberei
von Mayer & Sohn, Offenbach.

Die Chromgerberei ist heute ein hochwichtiger Industriezweig. Die Fabrik, die ich, von dem weitgehendsten Entgegenkommen unterstützt, untersuchen konnte, ist sehr groß und ganz modern eingerichtet, die Vorräte an Häuten und fertigem Leder bewerten sich stets auf ca 6 Millionen Mark. Technische Einzelheiten bei Fischer.

---

[1]) Der Durchschnittswochenlohn eines Chromarbeiters beträgt hier 35 M., die Krankenkasse zahlt 20—30, die Zuschußkasse 9—12, die Genossenschaftskasse 6, in Summa ca. 35 M.

[2]) Die Statistik pro 1912/13 ergibt 7,3 innere, 10,8 äußere Krankheitstage — die äußeren noch immer sehr hoch.

Die Felle werden erst im Wasser geweicht, dann längere Zeit mit Ätzkalklösungen und etwas Schwefelarsenik in Äschern behandelt, enthaart, entfleischt, beschnitten und in eine Milchsäure entwickelnde Hundekotbeize gelegt. Die so vorbereiteten gespülten Blößen kommen in mit Wasser gefüllte rotierende Kästen, dann wird allmählich so viel mit Salzsäure versetzte Bichromatlösung zugesetzt, daß das Bad 1% Bichromat und ½% Salzsäure von 20° Bé enthält.

Die Häute verweilen 4—24 Stunden in der sauren Chromatlösung, wobei sie maschinell in der Lösung etwas bewegt werden.

Das Herausnehmen der Häute geschieht so, daß 2 Arbeiter mindestens zwei Stunden hintereinander beschäftigt sind, ihre Kisten zu leeren. Der eine Arbeiter greift mit gefetteten nackten Armen, an die sich Gummihandschuhe schließen, in die 20° warme Lösung hinein und hebt die Felle heraus, wobei ihm der andere Arbeiter mit einer Stange behilflich ist. Es ist stets nur ein Arbeiter mit den Händen in der Brühe. Die Arbeiter suchen zu vermeiden, auch die Arme einzutauchen; nur soweit er durch den Gummihandschuh geschützt ist, geht er hinein. Natürlich spritzt immer etwas Chrombrühe an seine bloßen Arme. Es hat also jeder Arbeiter ungefähr eine Stunde lang täglich in dieser Weise in Chromatlösungen zu hantieren.

Der Rumpf und die Beine werden durch die Kleidung geschützt, Besondere Sorgfalt wird den Füßen gewidmet, denn von den mit den nassen chromierten Häuten beschwerten Wagen laufen durch seitliche Löcher Ströme von Chromatlösung auf den Fabrikboden, nach allen Seiten spritzend; auch sonst fehlt es nicht an spritzender Chromatbrühe. Man stellt sich natürlich nicht so hin, daß man von diesen Chromatströmen direkt getroffen wird. Doch ist es notwendig, die Füße aüf das sorgfältigste mit Lappen einzuwickeln, sie in Holzschuhe zu stecken und zum Schutze der Vorderseite von Unterschenkel und Fuß breite Lederschienen zu tragen. Die Schienen beginnen am Knie und decken die ganze Vorderseite des Fußes, Unterschenkels, das Fußgelenk und den Fußrücken. Es kommt vor, daß die Umhüllung des Fußes durchnäßt wird, dann wird die Einwickelung erneuert.

Die herausgenommenen Häute werden von 2 Arbeitern von 7 bis 12 Uhr täglich, d. h. $4^1/_2$ Arbeitsstunden ausgestrichen oder „ausgereckt". Die Häute hängen über schräg geneigten Steintafeln und werden mit einer Art Abziehklinge abgestrichen und ausgedrückt. Der Arbeiter beugt dabei den Rücken stark über die Ausstreichtafel, ist aber durch die Tafel gegen das Spritzen des Chroms recht gut geschützt. Ein Teil der Häute wird auch maschinell durch rotierende Walzen ausgedrückt. Immerhin werden die gefetteten Arme mit Chrom tüchtig benetzt resp. bespritzt. Es arbeiten hier nur diejenigen mit Handschuhen, die schon Geschwüre haben oder die sehr vorsichtig sind.

Das weitere Schicksal der ausgedrückten Haut ist ohne hygienisches Interesse. In einem zweiten Bad aus Natriumsulfit und Salzsäure wird die Chromsäure zu grünem Chromsalz reduziert. Es folgen alkalische und Wasserbäder, das Färben, die Fettung, das Trocknen,

Schleifen, Glätten, Polieren — Arbeiten, die dem Ausrecker mittags obliegen.

Mit trockenen Chromatpräparaten kommen die Arbeiter nur so weit in Berührung, als einzelne mit dem Öffnen der Chromatfässer, dem Herstellen der Lösungen beschäftigt sind.

Das Resultat einer recht eingehenden Betrachtung sämtlicher in Frage kommender Arbeiter der betreffenden Fabrik habe ich in der Weise am kürzesten wiederzugeben geglaubt, daß ich alle Fälle in eine übersichtliche Tabelle einreihte.

Aus diesen Tabellen leiten sich folgende Sätze ab:

1. Chromgeschwüre bzw. deren Narben finden sich in größerer oder kleinerer Zahl fast bei allen Chromatgerbern an den Händen und Vorderarmen. Es ist unverkennbar, daß die jugendlichen Arbeiter mehr frischere Affektionen haben, und daß die älteren besser Obacht geben. Es bestreitet kein Arbeiter, daß die Geschwüre bei peinlicher Sorgfalt fast vermeidbar wären. Am leichtesten verletzt man sich beim Ausrecken und erwirbt dabei Geschwüre.

2. Bei manchen Arbeitern sind Narben kaum zu finden, und frische Geschwüre fehlen ganz. Es sind dies sorgsame Leute, die alle Verletzungen gewissenhaft behandeln und zum Teil wohl auch eine besonders gute „Heilhaut" besitzen. Kleinste Narben mögen übersehen sein; bekanntlich verschwinden kleine Narben überhaupt ziemlich rasch (z. B. Schlägernarben der Studenten).

3. Auch die wenigen, etwas größeren Geschwüre stellten alle nur unangenehme, keineswegs gefährliche Affektionen dar. Ich sah in dem großen Betrieb unter 69 Chromatgerbern nicht einen, der durch sein Geschwür arbeitsunfähig gewesen wäre, keinen, der eine Narbe davongetragen hätte, die mehr als einen gleichgültigen Schönheitsfehler bedeutete. Kein Arbeiter beklagt sich über ernstliche Störungen durch den Chrombetrieb, alle wollen gerne dabei bleiben.

Über die Entstehung der Chromatgeschwüre habe ich durch Inspektion und Befragen der Arbeiter folgendes ganz unzweifelhaft feststellen können. Hantieren in Chromatlaugen bringt bei gesunder Haut allermeist gar keine Schädigung hervor[1]). Besonders fiel mir auf, daß ich nie ein Geschwür zwischen den Fingern gesehen habe — ein Beweis, daß auch zarte, aber unverletzte Haut schwer von dünner Chromatlösung angegriffen wird.

Die Geschwüre kommen vielmehr nur zur Entwicklung, wenn die Chromatlauge auf verletzte Haut wirkt. Schnitte, Risse, Aufscheuerungen und Kratzwunden der Haut (namentlich zerkratzte Aknepusteln) genügen zum Entstehen von Chromatgeschwüren. Solange die Aknepusteln nicht zerkratzt werden, bedingen sie keine Chromgefahr. In der Regel scheint einmaliges oder kurzdauerndes Eintauchen verletzter Stellen in Chrombrühe nicht auszureichen für die Entstehung eines Chrom-

---

[1]) Zur Verbesserung der Widerstandsfähigkeit fetten die meisten Arbeiter die unverletzten Hände und Vorderarme vor Beginn der Arbeit tüchtig ein.

Tabelle 30.
Statistik der Chromatgerberei Mayer & Sohn.

Nr.	Name Alter	Im Be-trieb	Aussehen	Muskulatur	Hände		Vorderarme		Sonstige Befunde
					Frische Geschwüre	Narben	Frische Geschwüre	Narben	
1	Sch. J. 41	19	gut	kräftig	0	5	—	—	Seit einigen Jahren einseitiges Kopfweh. War 8 Jahre aktiv tätig, jetzt Vorarbeiter.
2	D. J. 41	23	gut	kräftig	0	ca. 20	—	—	—
3	Sch. J. 37	18	gut	kräftig	0	ca. 6	—	—	—
4	St. Ph. 33	11	gut	kräftig	1 ganz kleines abheilendes	ca. 12	—	—	—
5	W. A. 27	3	etwas ält. wegen dünner Haare	—	1	ca. 6	—	—	—
6	K. J. 23	8	gut	kräftig	0	einige kleine Narben	—	—	—
7	O. Ad. 27	11	gut	kräftig	2 minimale Verletzungen, nicht Geschwüre.	ca. 5—6	—	—	—
8	M. Fr. 31	11	gut	kräftig	1 frisches Geschwür	Wenige Narben	—	—	—
9	K. H. 26	13	—[1]	—	0	wenig	—	Einige zweifelhafte Narben am Vorderarm	—
10	G. A. 25	4	—[1]	—	0	Nur 2, aber sehr große Narben u. eine kleine	—	—	—
11	G. J. 34	—[1]	etwas schlecht	—	0	—	—	—	—

[1]) Nicht notiert.

Nr.	Name Alter	Im Be-trieb	Aussehen	Muskulatur	Hände		Vorderarme		Sonstige Befunde
					Frische Geschwüre	Narben	Frische Geschwüre	Narben	
12	U. J. 27	8	etwas älter	kräftig	Etwas Akne-pustelchen über dem Knöchel, wo Handschuh reibt	Nur 12 ältere Ge-schwürchen	—	Ca. 30 kl. ausge-heilte Geschwür-chen	Klagt über Gefühl der Trockenheit in der Nase.
13	M. F. 32	2	Aussehen etwas älter	mäßig	0	3 ältere Narben Beugefläche der Hand	—	Sehr viele kleine Narben	Scheint herzleidend; zarte Haut, kratzt viel. Heilt leicht.
14	L. F. 29	7	wohlge-nährt, kräftig	gut	0	3 abgelaufene Entzündungen im Nagel.	Eine Anzahl frischer Ge-schwüre	Keine große, aber sehr viele kleine	War in einem Lun-gensanatorium. Leichte Akne an den Vorderarmen.
15	K. N. 34	10	sehr gut	kräftig	0	Ein paar mini-male Narben	0	0	Sehr gesund.
16	Sch. G. 32	12	Etwas rha-chitisch	mittel-kräftig	0	ca. 8	0	minimal	—
17	W. J. 38	8	?	?	3	0?	GroßesGeschwür, 1 auf 2 cm, Volar-seite des Unter-arms	?	Behandelt seine Ge-schwüre selbst mit Watte und Kollo-dium.
18	J. H. 24	8	gut	gut	—	Ca. 15, meist sehr kleine, z. T. noch infiltriert	—	—	—
19	N. A. 41	18	?	?	1 kleines an einem Finger	ca. 10	—	—	Vorsichtiger Mann.

Nr.	Name Alter	Im Be-trieb	Aussehen	Muskulatur	Hände		Vorderarme		Sonstige Befunde
					Frische Geschwüre	Narben	Frische Geschwüre	Narben	
20	K. S. 28	8	gut	kräftig	4	ca. 40	—	—	Offenbar recht indolent. Am übrigen Körper keine Geschwüre, obwohl er an den Händen immer etwas hat.
21	K. K. 31	9	—	—	0	Ca. 3 etwas größere Narben	0	Ca. 40 kleinste Narben	Gibt sehr acht.
22	H. Ph. 30	11	kräftig	gut	0	Wenig alte Narb.	0	—	—
23	H. H. 31	10	gesund	?	0	Ca. 10 ältere größere Narben und kleinere	0	0	Zarte Hände.
24	K. Ph. 41	18	gesund	gut	0	4 ältere Narben;	0	0	Stark behaart. Vor 9 J. Magenresektion; sehr sorgsam.
25	H. A. 45	19	gesund	gut	0	0	0	0	Hat — obwohl einer der ältesten Arbeiter — keine nennenswerten Narben.
26	R. J. 39	8	?	—	0	8—10	—	20 mittelgroße Narben	Einige der Narben noch etwas infiltriert, keine größer als ein Quadratzentimeter.
27	A. G. 27	3	Etwas älter, als den Jahr. entspricht	mittel	0	10—20	0	0	Schmiert sich gut mit Talg ein.
28	Sch. J. 39	19	sehr gut	gut	einige sehr kleine	0	0	0	Befund ausgezeichnet. Trägt meist keine Handschuhe.

Nr.	Name Alter	Im Be-trieb	Aussehen	Muskulatur	Hände		Vorderarme		Sonstige Befunde
					Frische Geschwüre	Narben	Frische Geschwüre	Narben	
29	K. P. 34	6	gut	gut	—	Einige halb ver-heilte Geschwür-chen, ca. 7	Wenig ganz klei-ne Narben	—	Ist sorgfältig, wendet bei kleinsten Defek-ten gleich Kollodium an, hat öfters Jucken, kratzt dann.
30	H. P. 41	23	sehr gut	sehr gut	0	0	0	0	Keine deutlichen Narben. Hat früher jahrelang mit Chrom gegerbt, jetzt nur Hilfsarbeiter.
31	R. P. 27	13	gut	mittel	0	Spuren	—	Spuren	So gut wie keine Narben.
32	H. Ch. 39	21	gut	mittel	2 ganz kleine	Nichts Deutliches	0	Nichts Deutliches	So gut wie absolut normale Haut.
33	F. A. 32	4	mittel	mittel	2 kleinste	Nur eine deut-liche.	0	0	Sorgfältig.
34	H. H. 30	8	gut	gut	0	Spuren	0	Kleine Narben an der Beugeseite d. Vorderarmes. ca. 5	Keine.
35	S. Ch. 41	23	gut	gut	0	ca. 5	0		Sorgfältig.
36	G. G. 41	21	sehr gut	sehr gut	0	2—3 kleinste	0	0	Hat 8 Jahre mit der Hand ausgereckt.
37	P. J. 30	8	sehr gut	sehr gut	0	wenig kleinste	0	0	—
38	S. J. 33	6	sehr gut	sehr gut	0	wenige kleinste	0	0	—
39	M. J. 37	15	etwas gealtert	?	1 frisches, etwa 1 cm groß.	Ca. 20, darunter eine große.	0	0	Sehr grobe Haut.
40	B. F. 19	5	abwesend	—	—	—	—	—	—
41	K. Ph. 32	11	gut	sehr gut	—	—	—	—	—
42	B. M. 30	6	sehr gut	sehr gut	0	0	—	0	Hat in 6 Jahren kein Geschwür gehabt. Keine Klage.

Nr.	Name Alter	Im Be-trieb	Aussehen	Muskulatur	Hände		Vorderarme		Sonstige Befunde
					Frische Geschwüre	Narben	Frische Geschwüre	Narben	
43	W. A. 31	7	sehr gut	sehr gut	0	3—4	0	0	—
44	W. Ch. 28	11	abwesend	—	—	—	—	—	—
45	L. H. 28	?	gut	—	0	12 kleine	0	0	Haut glatt, fast haarlos.
46	K. F. 37	4	gut	gut	—	ca. 3 kleine	—	Ca. 6 blaurötliche Narben.	Sehr intelligent. Anfangs etwas Akne.
47	R. Ph. 35	9	gut	gut	—	—	—	—	—
48	O. J. 30	7	gut	gut	0	5—6, darunter eine noch infiltriert	0	0	—
49	Sch. A. 29	13	—	—	0	Ca. 40 kleine, darunter 1 frischere	0	wenige	Hat sehr oft ein kleines Geschwürch.
50	P. H. 39	8	gut	gut	0	0	0	0	Sehr sorgfältiger Mann.
51	S. J. 23	9	sehr gut	sehr kräftig	0	2 kleine	0	0	Einige Infiltrationen ohne Geschwürchen.
52	R. F. 31	9	gut	gut	0	Spuren	0	0	Sehr wohl.
53	E. J. 31	10	gut	sehr gut	0	10 kleinste	0	0	Sehr wohl.
54	H. S. 25	6	gut	gut	0	Wenige kleine	0	0	Sehr wohl.
55	J. F. 22	8	gut	gut		Ca. 10 kleine	0	Wenig kleine	—
56	J. Ph. 35	10	gut	gut		Ca. 20 kleine, davon 3 etwas frischere	0	ca. 10	—
57	E. 32	8	gut	gut		Wenige kleine	0	Einige kleine	—
58	F. R. 25	2	abwesend	—	—	—	—	—	—

Nr.	Name Alter	Im Be-trieb	Aussehen	Muskulatur	Hände		Vorderarme		Sonstige Befunde
					Frische Geschwüre	Narben	Frische Geschwüre	Narben	
59	H. Fr. 29	5	sehr gut	gut	0·	25—30	—	Ca. 15 auf Streck- und Beugeseite.	—
60	M. E. 16	1¾	—	—	Spuren	4, darunter eine große	0	—	Dünne Haut.
83	Sch. K. 17	1¾	—	—	Spuren	Spuren	6	0	Etwas ungeschickt, muß Ledergamasch. tragen, um sich nicht naß zu machen.
85	H. K. 17	3½	gut	gut	1 kleine	ca. 6	Einige kleinste Geschwürchen	—	—
97	W. Ch. 30	3	krank	abwesend	—	—	—	—	—
103	M. J. 23	¼	krank	abwesend	—	—	—	—	—
113	W. A.	—	gut	gut	0	2—3	0	0	—
115	H. Th.	—	sehr gut	sehr gut	0	1	—	—	—
116	L. J.	—	?	?	2 ziemlich große	—	?	?	Unsauber, vernach-lässigt, Schnaps.
117	P. Fr.	—	gut	mittel	2 ziemlich große	0	—	—	Nur aushilfsweise mit Chrom beschäftigt.
118	Pf. P.	—	—	—	1 kleine	Wenige kleine	0	Wenige kleine	—

geschwürs. Das Ätzmittel muß eine Zeitlang wirken, damit ein Absterben (Nekrose) der Wundränder eintritt und ein Geschwür sich entwickelt. In der Regel schmerzt die Einwirkung des Chromats auf kleine Hautwunden mäßig. Größere Geschwüre entstehen nur bei ganz nachlässigem Verhalten. Ich habe keines von Bedeutung gesehen. Die größten, die ich antraf, zeigten etwa einen Epidermis- und Coriumdefekt von Linsengröße und 3 mm Tiefe. Um dieses klaffende Loch findet sich eine weißliche nekrotische Zone, umgeben von einer blauroten Infiltration von etwa 1 cm Breite. Ist ein Geschwür durch Vernachlässigung einmal so weit entwickelt, so erfolgt die Heilung nur sehr langsam — und es braucht trotz Behandlung ein bis mehrere Monate. Schmerzen scheinen solche Geschwüre nur durch den Druck der Borken oder beim Anschlagen zu machen.

Allgemein versichern die intelligenten Arbeiter, daß kleine Verletzungen, speziell Kratzwunden an den Stellen, wo sich die Haut wenig verschiebt (Handrücken, Vorderarm), sehr leicht durch Kollodium gedeckt werden können. Ist die Haut verschieblich wie an den Gelenken, namentlich der Finger, so hilft Kollodium nichts, und man muß Fettlappen um die Verletzung legen und Gummifinger oder Gummihandschuhe darüber ziehen. Die Geschwüre behandeln die Arbeiter selbst, es wird absolut kein Aufsehen davon gemacht, niemand klagt darüber oder unterbricht die Arbeit deswegen.

Die Empfindlichkeit gegen Chrom scheint verschieden zu sein; bei manchen Arbeitern genügt Kollodium in Fällen, wo andere Fettlappen und Gummidecke brauchen. Dabei wird auch wieder die Frage aufzuwerfen sein, ob nicht der Kollodiumschutz von verschiedenen Arbeitern verschieden gut und sorgsam angewendet wird. Bei ausgebildeten Geschwüren sind Fettlappen und Handschuhe unvermeidlich.

Bei manchen Arbeitern (z. B. 14 und 16) scheint die Chromatbrühe an der Entstehung von Aknepustelchen an den Vorderarmen schuld oder mit schuld zu sein. Da aber etwas Akne bei sehr vielen Menschen ohne jede bekannte Veranlassung auftritt, so bleibt es immer nicht ganz leicht zu unterscheiden, wie weit das Chrom, das Wasser oder die übliche Einfettung wirklich schuld an den Aknepustelchen ist. Am leichtesten entstehen die Pustelchen da, wo der Gummihandschuh am Vorderarm aufhört, der Handschuh scheuert ein wenig, und zwischen Haut und Handschuhen fließt Chrombrühe hinein.

Unter den Gerbereiarbeitern traf ich viele Leute mit derber Haut an der Handinnenseite, die an ziemlicher Schweißsekretion litten. Ein Arbeiter (K.) führte dies auf das Hantieren im heißen Wasser zurück. Ob hier vielleicht ein Analogon zur Hyperhidrosis nach Waschen mit Chlorkalk vorliegt?

Die große Mehrzahl dieser Chromgerbereiarbeiter bot ein solch frisches und kräftiges Aussehen, daß der Gedanke, es könnten Nierenkranke darunter sein, von vornherein wenig Wahrscheinlichkeit hatte. Es wurden sieben ausgesucht, bei denen das Aussehen etwas weniger befriedigend war (29. 10. 1909), und der Harn untersucht:

Arbeiter	Reaktion mit Ferrozyan-kali und Essigsäure
A.	Leichteste Opaleszenz
B.	0
G.	0
F.	Deutliche Trübung
M. . . `	0
W.	0
K.	0

Das wäre ein Fall von merklichem Eiweißgehalt auf 7 oder 16 %, gerade wie bei Leubes Soldaten.

In dem zusammengegossenen Harn von 1200 ccm waren 0,15 mg Chrom.

Ein andermal (3 Monate vorher) wurde Harn von F. — deutlich schwach eiweißhaltig — allein untersucht und in 425 ccm 0,08 mg, also pro Liter ca. 0,18 mg Chrom gefunden.

Ich schließe: Im gutgeleiteten Chromatgerbereibetrieb sind Chromatgeschwüre von nennenswerter Größe und Tiefe selten, kleine und kleinste Geschwürchen ziemlich häufig. Intelligenz und Sorgfalt lassen das Zustandekommen der Geschwüre fast vollkommen verhüten — jedenfalls ist die Gefahr, ein Chromatgeschwür zu bekommen, das nennenswerte Schmerzen oder gar Arbeitsstörung bedingt, minimal. Sicher ist das Chromgeschwür keine schlimmere Gewerbekrankheit als die unvermeidlichen mechanischen Verletzungen und Verbrennungen der Metallindustrie. Kommen in einer Gerberei mehr Geschwüre vor, so spricht dies für mangelnde Sorgfalt. Von einem Vorkommen von Chromatnephritis oder anderen Allgemeinerkrankungen habe ich nie etwas gesehen — jedenfalls sind solche Vorkommnisse so selten, daß sie vom Standpunkt der Gewerbehygiene unbeachtet bleiben können.

4. Einige Bemerkungen über die Verhütung der Chromkrankheiten.

Nachdem Herr Dr. Fischer dieses Kapitel in sehr eingehender Weise vom technischen Standpunkt aus behandelt hat, kann ich mich hier kurz fassen.

Ich habe den Eindruck, als ob in den gut geleiteten Fabriken heute ziemlich alles geschähe, was geschehen kann, wenn man in Betracht zieht, daß die Anlagen nicht neu und die Arbeiter Menschen sind. Die Chromgeschwüre der Haut sind nur ganz ausnahmsweise von einer nennenswerten Bedeutung. Man hört kaum klagen darüber, sie machen behandelt keine Schmerzen und hinterlassen keine dauernd schädigenden Folgen. Es ist gar kein Zweifel, daß sich die Verhältnisse seit den 60er Jahren des vorigen Jahrhunderts wesentlich gebessert haben. Die Hautekzeme werden kaum ganz zu beseitigen sein. Sie sind für die Arbeiter oft so lästig, daß nichts anderes übrig bleibt als ein Aufgeben des Berufs und ich glaube auch, daß alle Verbesserungen des Betriebs dieselben bei disponierten Personen nicht vollständig beseitigen werden. Die Nasengeschwüre werden schwer ganz zu beseitigen sein. Sie treten offenbar heute meist viel langsamer ein wie früher, weil die chromathaltigen Dämpfe beim Eindampfen der sauren Chromate abgeleitet werden und weil das trockne Bichromat unter maschineller Beihilfe zerkleinert und gepackt wird. Verbesserungen wären hier in dem Sinne möglich, daß der ganze Betrieb ein maschineller automatischer wird und daß Menschen mit dem getrockneten zu zerkleinernden Material gar nicht mehr in Berührung kommen. Immerhin haben wir gesehen, daß in der von mir studierten Fabrik A ernstere Übelstände, abgesehen von der Nasenscheidewandperforation und gelegentlichen Bronchitiden und Verdauungsstörungen, auch beim heutigen Zustand in der Regel nicht eintreten.

Ein großer Vorteil wäre es, das Trocknen des Natriumbichromats zu umgehen. Kaliumbichromat, welches keinen Kristallwassergehalt und einen Gehalt von 67,6 % Chromsäure hat, kann man durch bloßes Schleudern fast bis zum theoretischen Chromsäuregehalt leicht trocknen. Es ist auch nicht merklich hygroskopisch. Das Natriumbichromat dagegen, das einen Wassergehalt von 2 Molekülen hat, hat theoretisch ebenfalls 67,1 % Chromsäure. Es ist aber hygroskopisch und mit der Zentrifuge nur so weit zu trocknen, daß sein Wassergehalt etwa 3 % oder sein Chromsäuregehalt 65,27—65,95 % beträgt.

Nun wünschen aber die Färber das billigere Natriumbichromat genau mit dem gleichen Gehalt zu kaufen, wie das Kaliumbichromat, und es muß etwas getrocknet werden, um den Gehalt auf 67 % zu bringen. Wenn die Färber chemisch besser geschult wären, leichter umrechnen könnten, so wäre die Abgabe von bloß auf der Zentrifuge getrocknetem Natriumbichromat wohl möglich und das Trocknen, dieser staubentwickelnde Prozeß, wäre zu umgehen.

Ein chemischer Fachmann, dem ich für genauere Mitteilung auf diesem Gebiet herzlich dankbar bin, meinte, die Schwierigkeiten, die sich aus der Hygroskopizität des· Natriumbichromats ergeben, seien nicht ganz klein, würden sich aber beseitigen lassen. Für die Fabrik wäre es natürlich ein Vorteil, wenn sie nur geschleuderte und nicht mehr getrocknete Ware abzugeben hätte.

Über einzelne Hilfsmittel zur Bekämpfung der Chromatgeschwüre habe ich keine eigenen Erfahrungen. Für die Hautgeschwüre wird die Behandlung mit Natriumbisulfit[1]), welches in die Tiefe· gedrungene Chromatspuren reduziert, in neuerer Zeit an Stelle der früher ausschließlich üblichen Bleiwasserbehandlung empfohlen. Auch Wasserstoffsuperoxyd wird angewandt.

Hauptsache ist immer natürlich, daß die beginnenden Geschwüre durch dichte Verbände, Fettlappen usw. geschützt werden, wie ich dies bei der Besprechung der Chromatfärberei oben mitgeteilt habe.

---

[1]) Vgl. z. B. Zeitschr. f. Gewerbehyg. 1908, S. 307, und 1907, S. 486.

Für die Prophylaxe und Behandlung der Chromatgeschwüre der
Nase scheinen Nasenspülungen, Einlegen von etwas Watte, das Tragen
von Schwämmen vor Mund und Nase einen gewissen Schutz zu bieten.
Es ist dies aber immer nur ein Notbehelf, wenn ich auch gesehen habe,
daß Watteeinlagen wirklich in einem Betriebe (J) stets getragen werden,
ohne daß Klagen laut werden.

Als Schutz der Schleimhaut des Septums waren federnde Nasen-
klemmen aus Aluminium empfohlen, sie gaben, wie zu erwarten, keine
brauchbaren Resultate. Dagegen wird die tägliche Behandlung mit
essigsaurer Tonerde gelobt. (Zeitschr. f. Gew.-Hyg., Bd. 14, 1908,
S. 334.) (Vgl. oben S. 103.) Fidao (a. a. O.) empfiehlt Betupfen der
gefährdeten Schleimhautstellen mit gekampfertem Salol.

Wichtiger als alles ist die Beseitigung von Chromatstaub, dies
aber auch ein fast absolut sicheres Mittel.

5. Schlußsätze.

Fasse ich die Ergebnisse meiner ganzen Studie in einige Sätze
zusammen, so lauten sie folgendermaßen:

In den deutschen Chromatfabriken ist in dem letzten Jahrzehnt
wahrscheinlich in erster Linie infolge der deutschen Reichsvorschriften
eine wesentliche Verminderung der Chromatschädigungen eingetreten.

Die Mehrzahl der Betriebe weist günstige, manche sehr günstige
Krankheitstagezahlen für innere und äußere Erkrankungen auf. Einzelne
Betriebe machen eine Ausnahme, es scheint sicher, daß heute in erster
Linie das Trocknen des Natriumbichromates bzw. das Manipulieren
mit dem trocknen Material Gesundheitsstörungen hervorbringt.

Das Eindampfen der sauren Chromatlösungen wird heute meist
so sorgsam in geschlossenen Apparaten oder unter Absaugen vorgenommen, daß hier wenig Gefahr mehr droht. Einige Schädlichkeit
haftet auch der monochromathaltigen Schmelze an, wenn sie Gelegenheit zur Verstäubung hat. Die Regeneration ist ähnlich wie die Neu-
herstellung des Monochromats zu betrachten.

Wo alle diese Gefahren vermieden werden, wird mit Chromaten
und speziell auch Bichromaten gefahrlos und bei günstigstem Gesundheitszustand gearbeitet. Wo noch Bichromat fein verteilt in
die Luft geht, sind Respirationskrankheiten, „Influenza" und in be-
scheidenem Maße Darmkrankheiten vermehrt. Es handelt sich um
akute, ausheilende Krankheiten. Im Tierversuch sind durch Einatmung
feiner Tröpfchen leicht Bronchitiden zu erzeugen. Die Arbeiter husten
im Betrieb nicht, sind frisch und gut genährt — zeichnen sich vielfach
durch Frische vor den blasseren Anilinarbeitern aus. Einzelne Fälle
von Chromatasthma sind beschrieben.

Allgemeinerkrankungen durch Chromate habe ich weder in der
Chromatfabrikation noch in der Chromatgerberei gesehen, speziell keine
Nierenerkrankungen. Es enthält auch die Literatur keine beweisenden

Erfahrungen über Nierenerkrankungen. Dies stimmt vorzüglich damit
überein, daß die kleinen Chromatmengen, die die Menschen in einer gut
geleiteten Fabrik durch Nase und Mund aufnehmen können, so gering
sind, daß sie keine Nierenerkrankungen beim Tiere hervorbringen.
Es fehlt auch in der Literatur absolut an Beweisen, daß durch die thera-
peutische Bichromatverabreichung beim Menschen in Dosen von 10
bis 40 mg täglich Nierenerkrankungen vorgekommen seien. Durch
Fütterung mit ziemlich großen Chromdosen läßt sich leicht eine akute
Erkrankung der Niere hervorbringen, die zunächst das Epithel betrifft.
Wiederholte Zufuhr kleiner Chromatmengen selbst bei subkutaner Injektion bringt in der Regel keine Nierenerkrankungen hervor. In meinen
zahlreichen Fütterungsversuchen habe ich nur wenige Male trotz der
relativ großen gefütterten Dosen Nierenstörungen bekommen, die mit
Sicherheit auf das Chrom bezogen werden dürfen. In der Mehrzahl
der Fälle haben die Tiere langsam gesteigerte mittlere Bichromatdosen
überraschend gut ¼—2 Jahre lang vertragen.

Ab und zu kommen schwerere Verbrennungen durch heiße Chrom-
lauge vor — wie beim Umgang mit geschmolzenen Metallen, starken
Säuren usw. Die Hautchromatgeschwüre sind als leichte in weitem
Umfang vermeidbare und meist selten gewordene Gewerbekrankheit
anzusehen. Chromatekzeme können — wie Ekzeme aus vielen anderen
Ursachen — sehr lästig werden und Berufswechsel bedingen. Sie sind
aber recht selten geworden.

Die Perforation der Nasenscheidewand ist noch in einzelnen Fabriken fast unvermeidlich, in anderen beseitigt. Sie stellt einen Vorgang
dar, der heute meist langsam, ohne nennenswerte Schmerzen und ohne
einen ernsthaften bleibenden Nachteil verläuft — sie sollte m. E. nicht
militärfrei machen. Häufige und rasche Nasenperforationen erlauben
den Schluß, daß auch Bronchitiden und Magendarmerkrankungen vermehrt sein werden.

Die Nasengeschwüre und Nasenperforation lassen sich, wie ich
gezeigt habe, an Katzen durch Versprayung von Bichromatlösungen
leicht erzeugen; der Theorie, daß der bohrende Finger dabei eine Rolle
spiele, kommt keine allgemeine Bedeutung zu. Die Lokalisation des
Geschwürs und der Perforation erklärt sich daraus, daß hier der ein-
tretende Luftstrom anprallt und sein Chromat ablagert, und daß die
getroffene Stelle durch Zylinderepithel schlecht geschützt und der
Knorpel gefäßlos ist.

Durch sorgfältige Beachtung der deutschen Reichsvorschriften und
durch immer zunehmenden Ersatz der Menschenkraft in der Chromat-
industrie durch Maschinen, durch gewissenhafte Anwendung der zur
Verfügung stehenden, unschwer anzubringenden Ventilationseinrich-
tungen, durch Erziehung zu strenger Reinlichkeit und häufige Kontrolle
der von den Arbeitern anzuwendenden Vorsichtsmaßregeln werden
sich, da wo es noch nicht geschehen ist, auch die leichten häufigen
Chromatstörungen, die die Statistik jetzt in einzelnen Fabriken
nachweist, in erheblichem Maße vermindern lassen.